# o caminho das estrelas

César Souza

# O caminho das estrelas

Um mapa para transformar sonhos em realidade

SEXTANTE

PREPARO DE ORIGINAIS: Tereza da Rocha

COORDENAÇÃO EDITORIAL: Virginie Leite

ASSISTENTE EDITORIAL: Viviane Diniz

REVISÃO: Damião Nascimento, José Tedin Pinto e Tereza da Rocha

PROJETO GRÁFICO E DIAGRAMAÇÃO: Marcia Raed

CAPA: Miriam Lerner

PRÉ-IMPRESSÃO: ô de casa

IMPRESSÃO E ACABAMENTO: Lis Gráfica e Editora Ltda.

CIP-BRASIL. CATALOGAÇÃO-NA-FONTE
SINDICATO NACIONAL DOS EDITORES DE LIVROS, RJ

S714c

Souza, César
O caminho das estrelas / César Souza. – Rio de Janeiro: Sextante, 2008.
128p.

ISBN 978-85-7542-362-2

1. Liderança. 2. Auto-realização. 3. Motivação. 4. Conduta. I. Título.

08-0146 CDD: 158.4
CDU: 316.46


GMT Editores Ltda.
Rua Voluntários da Pátria, 45 – Gr. 1.404 – Botafogo
22270-000 – Rio de Janeiro – RJ
Tel.: (21) 2286-9944 – Fax: (21) 2286-9244
E-mail: atendimento@esextante.com.br
www.sextante.com.br

Para dona Wanda, com quem
aprendi que o Caminho das Estrelas
é uma travessia na busca de si mesmo.

# ROTEIRO

## PONTO DE PARTIDA

# PREPARANDO-SE PARA A CAMINHADA

"SONHEI A VIDA INTEIRA E FIZ. NÃO IMPORTOU SER POBRE, MULHER, BAIXINHA E ALAGOANA. EU FIZ!"

Essas palavras são da cardiologista Rosa Célia Barbosa, que dirige um dos centros médicos mais sofisticados do país, a Unidade Pediátrica do Hospital Pró-Cardíaco, no Rio de Janeiro.

Ela construiu uma trajetória excepcional. Natural de Palmeira dos Índios, Alagoas, Rosa, a quarta de uma família de 11 filhos, foi abandonada aos 7 anos de idade em um internato de Botafogo, bairro de classe média na capital carioca. Trabalhou como cozinheira, professora de jardim-de-infância, auxiliar de enfermagem e secretária até ingressar na Faculdade de Medicina da Universidade Federal do Rio de Janeiro.

Depois de formada, especializou-se em cardiologia infantil no Hospital da Lagoa e, sem saber uma palavra de inglês, ganhou uma bolsa para estudar no National Heart Hospital de Londres com Jane Sommerville, a maior especialista mundial na área.

Atualmente, a Dra. Rosa também dirige a Pró-Criança Cardíaca, uma organização não-governamental que atende menores carentes com distúrbios do coração e luta para construir o Hospital da Criança. "Se eu, com essa história de vida, realizei meus sonhos, todo mundo pode realizar os seus", disse em 2006 ao receber o Prêmio Faz Diferença.

A médica tem razão: cada um de nós pode realizar seus sonhos.

Por que, então, muitas pessoas não conseguem transformar seus sonhos em realidade? Por que abandonam seus projetos mais íntimos e até desistem de sonhar? O desânimo impera nas famílias, empresas e comunidades. E você também não está imune.

Pense bem: você anda chateado porque não agüenta mais o comportamento indisciplinado de seu filho, que parece fazer tudo só para contrariar?

Você, professor, já ficou cabisbaixo por causa de um bando de alunos que não quer nada com a vida? Pensou até em deixar de lado o idealismo de ser professor e mudar para uma profissão em que possa "ganhar dinheiro"?

E você, estudante, não suporta mais aquele professor intransigente cobrando tarefas que não fazem sentido e atazanam a sua vida?

Você, leitora, está cansada de cuidar da casa, dos filhos, do marido, do trabalho e do prédio onde mora, tudo isso ao mesmo tempo? E não se conforma em receber um salário inferior ao de seu colega com o mesmo nível hierárquico, só pelo fato de ser mulher?

Quantas vezes você, leitor, sentiu a angústia de não conseguir equilibrar sua vida profissional com a familiar, nem alcançar a tão cobiçada qualidade de vida?

Isso para não falar de tantos outros problemas que surgem no ambiente profissional e afetam todos nós.

Já chegou a ficar desmotivado por não conseguir integrar os membros da sua equipe? Ou porque os acordos acertados com terceiros não foram cumpridos? Às vezes, frustrado pela dificuldade de formar sucessores? Ou porque o sonho do negócio próprio está virando um pesadelo?

Se isso nunca lhe aconteceu, você certamente conhece alguém que já enfrentou alguns desses sérios desafios na família, no trabalho ou na própria comunidade – por exemplo, um parente que se defronta com hábitos da vizinhança que perturbam sua rotina.

Embora pareçam fatos isolados, todas essas situações têm um denominador comum: A PRÁTICA DA LIDERANÇA.

As frustrações e angústias não são obras do acaso nem tampouco da falta de sorte. Também não adianta buscar culpados, pois o problema não está no chefe, na esposa, no filho, no professor, na vizinha, no seu subordinado ou em quem quer que seja.

Muitas dessas dificuldades decorrem do fato de ainda estarmos presos a uma forma de pensar concebida para uma realidade que já não existe mais. O mundo mudou, mas ainda vigora um velho modelo de liderança que funcionou no passado, mas não nos ajuda a enfrentar os desafios que atualmente nos cercam no trabalho, em casa, no nosso dia-a-dia.

Já nos ensinaram, por exemplo, que o líder é uma figura carismática que ocupa um cargo restrito a uns poucos privilegiados, bem-dotados, visionários. E também que a liderança é inata, como se os líderes nascessem prontos. E que existe um perfil ideal de líder, cujo papel é o de formar seguidores. Em suma, o líder seria aquele que vai na frente, acompanhado por pessoas que o seguem.

No entanto, o mundo hoje requer de nós outro modo de liderar, menos elitista e mais realista. Esse descompasso tem gerado uma enorme crise de liderança nos países, nas empresas, nas famílias, nas escolas, nos clubes. Basta olhar à nossa volta: onde estão os líderes de que precisamos?

Se desejamos construir famílias mais felizes, empresas mais saudáveis e comunidades mais solidárias, precisamos mudar a forma de pensar a liderança.

SIM, PORQUE LIDERANÇA DIZ RESPEITO A CADA UM DE NÓS... Ou você acha que não é líder?

Pois eu lhe asseguro que você é. Todos podem ser líderes em determinados contextos. Não apenas os engravatados nos escritórios, mas cada um de nós, em vários momentos e circunstâncias de nossas vidas.

A liderança não é um fenômeno que ocorre excepcionalmente, com alguns poucos iluminados, em situações especiais. Líderes não são apenas presidentes de países ou de empresas, heróis ou figuras históricas – Napoleão, Churchill, Getúlio Vargas, Madre Teresa de Calcutá, Jack Welch, Antônio Ermírio de Moraes, dentre outros – ou ditadores como Mao Tsé-tung, Hitler e Stalin. Ao contrário, todos nós somos líderes em algum momento. Inclusive você!

A liderança é um fato corriqueiro que ocorre no nosso cotidiano. Cada vez que duas ou mais pessoas interagem, a relação de liderança se faz presente, pois alguém está sempre tentando influenciar os demais.

Por exemplo, uma pessoa exerce a liderança quando convence um amigo a passar as férias em determinado destino turístico. Ou quando orienta um parente que está enfrentando um momento difícil; sugere uma reflexão na sua igreja; socorre um vizinho em apuros; toma providências diante de um acidente ou assalto.

Um aluno pode exercer a liderança na sala de aula ao comentar sobre um filme e inspirar o professor a requisitar um trabalho a respeito. Uma criança de 12 anos lidera os pais quando seus argumentos os convencem a mudar o local onde passariam um fim de semana prolongado.

Marido e mulher disputam a liderança quando ele quer assistir ao jogo de futebol pela TV no domingo à tarde e ela prefere ir ao cinema. O casal funciona bem quando os dois chegam a um acordo favorável a ambos: à tarde assistem ao jogo e à noite vão ao cinema. Mas essa solução é mais uma exceção do que a regra.

Uma secretária também exerce a liderança quando organiza a agenda do chefe. No fim das contas, ela "decide" quem será atendido naquele dia.

Muda o contexto, mas a essência da liderança permanece a mesma. Liderar é muito mais do que dirigir, comandar, chefiar, encabeçar. LIDERAR É A ARTE DE INFLUENCIAR PESSOAS.

Portanto, vale a pena descobrir o líder que existe em cada um de nós. Encontre o líder dentro de você. Assim você poderá lidar de modo mais eficaz com as situações que o atormentam, desempenhar melhor o seu papel – quer seja de professor, aluno, religioso, profissional liberal, pai, mãe ou filho. Poderá também deixar de ser apenas um gerente eficiente e passar a ser um líder eficaz. E aproveitar as oportunidades que ainda nem percebeu.

Então, está ficando mais fácil se aceitar como líder?

Se você respondeu sim, atenção para uma idéia que continua válida: o líder é um realizador de sonhos. Aliás, O LÍDER É DO TAMANHO DOS SEUS SONHOS. Mas não basta "apenas" sonhar. É preciso mais: acreditar nos sonhos, lutar para que eles se concretizem; enfim, fazer acontecer.

E aí voltamos ao ponto de partida: como transformar sonhos em realidade?

A experiência de várias estrelas – algumas que são celebridades, outras menos famosas, mas que já possuem brilho próprio, como a cardiologista alagoana Rosa Célia – tem me mostrado que o sucesso está diretamente ligado a uma forma inovadora de exercer a liderança.

Os grandes realizadores de sonhos percorrem um caminho composto de cinco passos. Cada um corresponde a uma força que faz deles Líderes não apenas com "L" maiúsculo, mas também com "E" maiúsculo. Isso mesmo: "E" de Estrela – um "Líder Cinco Estrelas".

As páginas seguintes revelam o "CAMINHO DAS ESTRELAS". Para transformar seus sonhos em realidade e se tornar um Líder Cinco Estrelas, você precisa dar pelo menos cinco passos:

DEFINA AONDE VOCÊ QUER CHEGAR – mas transforme seu sonho individual em uma bandeira, uma causa nobre que apaixone os que o cercam.

RECONHEÇA A ESTRELA QUE HÁ NOS OUTROS – para disseminar a causa, desenvolvendo outros líderes, não apenas seguidores.

CUIDE DO TODO, NÃO APENAS DA PARTE – atuando onde for necessário.

FAÇA MAIS QUE O COMBINADO – garantindo o presente enquanto cuida do futuro.

INSPIRE PELOS VALORES, não apenas pelo carisma ou pela autoridade – para que o seu sonho e a Causa tenham continuidade a longo prazo.

Mas atenção: a seqüência desses passos não é linear. Por exemplo, no seu caso específico, o quinto passo pode ser o primeiro a ser dado. Ou você pode decidir começar pelo segundo. Afinal de contas, não existe receita pronta. O Caminho das Estrelas não tem um traçado único, universalmente válido para todas as pessoas. Ele pode ser sinuoso como a trama da vida.

Convido você a dar a partida e percorrer o Caminho das Estrelas, uma viagem que o levará a desenvolver sua luz própria e virar o jogo a seu favor; a desengavetar seus sonhos e reencontrar em você a estrela que ficou perdida ao longo da sua carreira, da sua vida, das escolhas que fez. Enfim, ao longo da sua caminhada até aqui.

Prepare-se. Solte suas amarras. Aproveite a viagem. Boa caminhada!

PRIMEIRO PASSO

# DEFINA AONDE VOCÊ QUER CHEGAR

"NADA SENÃO A NÃO-VIOLÊNCIA ORGANIZADA PODE CONTER A VIOLÊNCIA ORGANIZADA DO GOVERNO BRITÂNICO... MINHA AMBIÇÃO É, NADA MENOS, A DE CONVERTER O POVO BRITÂNICO, POR MEIO DA NÃO-VIOLÊNCIA, E ASSIM INDUZI-LO A VER O DANO QUE TEM CAUSADO À ÍNDIA."

Assim costumava falar, medindo cada palavra, um dos maiores líderes de todos os tempos, Mohandas Karamchand Gandhi (1869-1948). Esse homem franzino, de apenas 1,53m, conseguiu realizar um sonho aparentemente impossível: libertar a Índia do domínio britânico. Não pela força das armas, mas pela resistência passiva, a não-colaboração. Gandhi pregava o pacifismo enquanto o mundo estava às vésperas da Segunda Guerra Mundial.

Quarto e último filho de um político abastado de Porbandar, pequena cidade da Índia Ocidental, ele se tornou advogado em Londres e se destacou na África do Sul, também colônia britânica, sempre lutando pelos direitos das pessoas.

Defendeu, de forma incansável, a causa da independência indiana por meio da não-violência e da desobediência civil. Ficou mundialmente conhecido pelo título *Mahatma*, que significa "grande alma", conferido a ele pelo poeta hindu Rabindranath Tagore, ganhador do Prêmio Nobel de Literatura de 1913.

Uma de suas iniciativas mais célebres foi a Marcha do Sal. No dia 12 de março de 1930, partiu do povoado de Sabarmati, onde ficava seu *ashram*, um grupo de cabanas baixas, pintadas de branco, em meio a um horto de árvores frondosas, com 78 homens rumo ao sul, em direção ao mar. No caminho, atravessaram diversas aldeias e foram recebidos como heróis. Pessoas de toda a Índia vieram se juntar aos peregrinos.

Quando o cortejo finalmente chegou à praia de Dândi, depois de caminhar 370km ao longo de 24 dias, contava com um efetivo de milhares de pessoas. Gandhi foi até o mar e pegou um punhado do sal à beira-mar. O gesto infringiu a lei britânica que proibia a extração de sal na Índia colonial, obrigando os indianos a comprar o produto industrializado da Inglaterra.

O protesto foi repetido ao longo de todo o litoral. A Índia fervilhava de revolta pacífica. Um mês depois havia 60 mil presos políticos, inclusive o próprio Gandhi. "A Marcha do Sal e suas conseqüências deram aos indianos a convicção de que poderiam se libertar do jugo estrangeiro", escreveu o jornalista americano Louis Fischer, renomado biógrafo do líder pacifista.

Na visão de Gandhi, a verdadeira liberdade não consistia em expulsar os ingleses e entregar o poder aos governantes locais. Ele temia que o país ficasse relegado à pobreza e ao isolamento. "A independência isolada não é o objetivo. O objetivo é uma interdependência voluntária", explicou. Portanto, ele não buscava apenas a liberdade nacional, a independência em si. Visava à libertação social do seu povo.

Até hoje a causa defendida por Gandhi não foi completamente alcançada. Em agosto de 2007, quando a Índia completou 60 anos de independência da Grã-Bretanha, o primeiro-ministro indiano, Manmohan Singh, exortou os seus compatriotas a perseguirem essa bandeira: "O sonho de Gandhi de uma Índia livre só estará totalmente completo quando erradicarmos a pobreza." Ou seja, apesar de a Índia estar conquistando a posição que lhe cabe de um país de grande influência no mundo e sua economia ter crescido a elevadas taxas, a independência social só será atingida com a libertação dos grilhões da pobreza, da ignorância e das doenças.

O líder Gandhi sempre acreditou no sonho de liberdade e, ao inspirar o povo indiano a abraçar essa causa, devolveu a autoconfiança a uma nação que se julgava impotente. Por isso sua bandeira ainda consegue mobilizar esse povo, mesmo depois de passadas muitas décadas da data de sua morte.

No caso dele, como de outros grandes líderes – entre os quais podemos citar o navegador Cristóvão Colombo e os ex-presidentes Juscelino Kubitschek e John Kennedy –, tudo começou com um sonho. Conquistou-se a América, Brasília foi construída e o homem chegou à Lua porque esses homens acreditaram nos seus sonhos. Sonharam com os olhos bem abertos, a cabeça nas nuvens e os pés no chão. E não pararam aí: lutaram. Tiveram a ousadia e a coragem de batalhar para transformar seus sonhos em realidade.

Mudanças que fazem história – não só no campo da política, mas também nas artes e nas ciências – nascem a partir do sonho de alguém. Manifestações artísticas, avanços tecnológicos e movimentos sociais são fruto dos sonhos de alguém. Isso vale para empresas, famílias, clubes, instituições. Logo, não seria exagero dizer que sonhos movem o mundo.

Mas por que algumas pessoas realizam seus sonhos enquanto outras não conseguem vencer a inércia e se entregam ao imobilismo?

O SEGREDO É QUE OS REALIZADORES DE SONHOS CONSEGUEM TRANSFORMAR SEUS SONHOS INDIVIDUAIS EM CAUSAS COMUNS AOS QUE OS CERCAM. O Líder Cinco Estrelas tem a capacidade de mobilizar as pessoas para que o sonho individual se torne coletivo e tenha, então, força para decolar.

ESSE TIPO DE LÍDER SE DESTACA POR OFERECER CAUSAS, NÃO APENAS METAS E TAREFAS, PARA AS PESSOAS COM AS QUAIS CONVIVE.

## ALÉM DE UMA SIMPLES TAREFA

Fala-se muito sobre a importância de criar um ambiente de motivação e comprometimento nas empresas, famílias, escolas e comunidades. O Líder Cinco Estrelas cria um ambiente de motivação profunda ao deixar claro o significado que transcende as tarefas ou as metas de curto prazo. E assim é capaz de obter resultados incomuns de pessoas comuns.

Foi o que fez Gandhi ao estimular um povo castigado por um passado de dominação a tomar as rédeas do seu destino. Foi também o que fez o ex-presidente da África do Sul e ganhador do Prêmio Nobel da Paz, Nelson Mandela, ao incentivar a população do seu país a lutar contra o regime de segregação racial conhecido como apartheid.

O Líder com "L" maiúsculo oferece às pessoas aquilo que mais desejam: uma bandeira, uma razão para suas vidas. A causa transcende as tarefas cotidianas e enobrece a contribuição de cada um.

A médica pediatra e epidemiologista Michelle Bachelet Jeria soube fazer isso ao assumir a Presidência do Chile, em março de 2006. "Será o começo de uma nova etapa", anunciou. "Uma nova etapa em que faremos chegar ao lar de todos os chilenos as conquistas deste país maravilhoso."

Bachelet era militante do Partido Socialista quando teve início a ditadura do general Augusto Pinochet (1973-1990). Ela e sua mãe, a arqueóloga Ângela Jeria, foram presas e torturadas, conseguindo asilo político na Austrália, depois na antiga Alemanha Oriental. Seu pai, Alberto Bachelet, era general da Força Aérea do governo de Salvador Allende, derrubado pelo golpe de Estado liderado por Pinochet. Foi preso e morreu em 1974 após sofrer um ataque cardíaco.

No seu discurso de posse, a primeira mulher a assumir a Presidência no Chile (e a sexta na América Latina) comprometeu-se a consolidar o programa de crescimento que levou o país a ter o sistema capitalista mais avançado da América Latina.

Michelle não negava as conquistas econômicas do regime anterior, mesmo tendo sido vítima da ditadura militar chilena. Ao contrário, assumiu o compromisso de dar um passo além e repartir essa prosperidade com toda a população.

Seu programa de governo também incluía medidas visando ao combate da violência contra a mulher e à igualdade entre os sexos. "A violência entrou na minha vida destruindo o que eu mais amava. Por ser vítima do ódio, dediquei minha vida a reverter esse ódio e transformá-lo em tolerância."

Essas são fortes bandeiras, capazes de mobilizar muita gente.

Não são apenas os políticos que têm aptidão para transformar seu sonho em uma causa. Artistas também podem atingir esse propósito. Bono Vox, líder do grupo de rock irlandês U2 e ativista dos direitos humanos, é um bom exemplo de engajamento em uma causa nobre. "Todos nós concordamos que esta pode ser a geração capaz de acabar com a pobreza extrema", disse ao ser eleito Personalidade do Ano pela revista norte-americana *Time*, em 2005 – ao lado de Bill Gates, o criador da Microsoft, e sua esposa, Melinda –, por sua defesa audaz, coerente e consistente de bandeiras humanitárias.

Além de se tornar um símbolo na luta contra a pobreza no continente africano, Bono (cujo nome de batismo é Paul David Hewson) apoiou inúmeras causas: acordos de paz na Irlanda, ações ambientalistas do Greenpeace, a luta contra a Aids, a malária e a tuberculose, o fim da Guerra da Bósnia, o perdão da dívida dos países do Terceiro Mundo. Organizou diversos eventos para arrecadar fundos e pressionou líderes mundiais a assinarem acordos favoráveis a suas causas. Já foi, inclusive, indicado para o Prêmio Nobel da Paz. Uma de suas frases mais conhecidas é: "Quando você tem 16 anos, pensa que pode mudar o mundo. E às vezes você está certo."

Um líder eficaz oferece causas e não apenas metas. A causa é o que dá significância à vida da pessoa, é o que faz um indivíduo sentir orgulho de pertencer a um time, um grupo, uma empresa, uma comunidade. Em nome dessa razão maior, as pessoas superam as mais variadas adversidades e ficam mais dispostas a fazer sacrifícios em prol de algo em que acreditam.

Oferecer uma causa não é atitude exclusiva de celebridades. Pessoas anônimas também podem abraçar causas fantásticas e obter apoio para a sua iniciativa. É o caso de Almir Almeida da Paixão, conhecido como Almir do Picolé, o sorveteiro que encontrei no bairro da Piabeta, na região metropolitana de Aracaju. "Vou construir uma creche para tirar crianças da rua", sonhava ele.

Almir levantou os recursos para iniciar a obra pedindo uma contribuição a cada pessoa que comprava os picolés que vendia nas ruas da capital sergipana. Começou abrigando 10 garotos em um quarto que alugou na vila onde morava. Em 1998, ao aparecer em um programa de televisão, sensibilizou um empresário local, que doou o terreno onde Almir conseguiu construir a Creche Ação Solidária Almir do Picolé, inaugurada em fevereiro de 2003 – um "trabalho social de verdade e sem nenhum interesse político", como ele faz questão de frisar.

Atualmente, a creche atende 80 crianças carentes da região de forma gratuita, sem qualquer tipo de apoio governamental, com uma equipe de 12 pessoas que ele e sua mulher coordenam com muita disciplina, prestando serviços de alimentação (quatro refeições por dia), higiene (cada criança tem sua própria saboneteira), educação (duas professoras alfabetizam as crianças) e lazer (brincadeiras diárias e festa no Dia das Crianças e no Natal da Solidariedade).

Almir, emocionado, revela que não conheceu seus pais e que dormia na calçada. Mas, desde garoto indigente, formulou o sonho que virou uma causa: "Quando eu crescer, vou ajudar as crianças pobres." Disse e fez! E hoje vive feliz no quarto dos fundos da creche com a mulher e seus dois filhos pequenos, entre latas de mantimentos e cestas básicas que armazena e distribui para as crianças da sua obra.

A educadora Ivete Sacramento também transformou seu sonho numa causa e mudou o rumo da sua vida. Quando era menina, sonhava em seguir a carreira da mãe e das tias: ser professora no interior da Bahia. Mas superou a própria expectativa: em 1998 foi eleita reitora da Universidade do Estado da Bahia (UNEB). Ivete é a primeira mulher negra a ocupar esse cargo em uma universidade brasileira.

Reeleita em 2002 com 75% dos votos, dobrou o número de cursos oferecidos, abriu as portas da universidade para a comunidade por meio de cursos de extensão e de alfabetização e implantou o sistema de cotas para negros quando o tema começava a ser discutido no país. Em que pese a forte controvérsia em torno da adoção desse sistema nas universidades brasileiras, o fato é que ela conseguiu transformar seu sonho particular em uma causa: levar a educação para a população negra.

Vale dizer que a causa nem sempre é estanque. Um líder pode ser movido a bandeiras que mudam conforme a época. O cantor, ator e radialista Edimar Tobias da Silva, atual presidente da Escola de Samba Vai-Vai, em São Paulo, é um exemplo disso. Tobias da Vai-Vai nunca sonhara em presidir a agremiação. Desde garoto, quando pisou pela primeira vez na quadra, queria apenas fazer um samba para a sua escola. Até que uma de suas composições ganhou o concurso de samba-enredo. Nesse ano, ele virou puxador do samba-enredo – um dos melhores, segundo especialistas na área. Mas Tobias teve problemas vocais e perdeu o posto, tornando-se o segundo puxador da escola.

Em 2006, Tobias foi eleito presidente da Vai-Vai, e sua causa, antes restrita à escola, se estendeu à comunidade. Seu sonho agora é fazer funcionar bem a faculdade de Direito que criou para os moradores e associados da escola de samba. "Que a Vai-Vai não seja apenas carnavalesca, mas contribua para a educação da comunidade", diz ele com um largo sorriso.

Mas nem todos conseguem formular uma causa. Uma atitude oposta é a assumida pelos jovens no clássico filme *Juventude transviada* (*Rebel Without Cause*, 1955). Estrelado por James Dean e Natalie Wood, o filme conta a história de um adolescente incompreendido que muda de cidade e, ao freqüentar uma nova escola, entra em conflito com uma gangue de rebeldes, arranja problemas com a polícia e participa de um desafio mortal. Tudo para afrontar sua família e tentar esconder sua solidão. O filme critica a educação deficiente da época ao retratar os adolescentes de classe média no pós-guerra, verdadeiros "rebeldes sem causa", em busca da própria identidade. Eles seguem uma vida vazia de significado, sem caminho e sem razão, que não apenas os distancia dos seus sonhos como até os impede de sonhar. A rebeldia tornou-se inócua por ser vazia de causas.

## Vestir a camisa da empresa

Oferecer uma causa em vez de apenas tarefas é uma das marcas registradas dos líderes vencedores também no universo empresarial.

Muitas vezes os chefes pedem aos seus subordinados para vestir a camisa da empresa, mas esquecem de dar a camisa – metaforicamente, a camisa é a causa. Ou então o gerente pergunta se está todo mundo no mesmo barco, mas não diz para onde vai o barco, isto é, qual o porto de chegada. Quem se aventura a entrar em uma embarcação cujo rumo é desconhecido?

Houve um tempo em que se dizia que o segredo é a alma do negócio. Pensando assim, os líderes empresariais guardavam as informações de tal forma que as empresas acabavam sendo enterradas junto com o segredo. Há sonhos que nunca se tornam realidade porque são escondidos a sete chaves.

Quando a causa é explicitada, os resultados podem ser surpreendentes. É o que demonstra a experiência das mundialmente famosas sandálias Havaianas. O chinelo de borracha foi lançado em 1962 para a classe média baixa brasileira com a finalidade de ser "a mais simples resposta à necessidade de proteger os pés". Quatro décadas depois teve início uma reviravolta sob uma nova bandeira: "transformar essas sandálias populares em objeto de desejo no mundo inteiro". E assim o chinelo se transformou em produto cult, "usado por todos, do mais pobre ao mais rico", como gostava de dizer o saudoso escritor baiano Jorge Amado. Realmente, as sandálias Havaianas podem ser vistas nos pés tanto das pessoas mais humildes como de celebridades como Gisele Bündchen, Nicole Kidman e Julia Roberts. Viraram, de fato, um objeto de desejo no mundo inteiro!

Essa metamorfose de artigo popular em acessório da moda sofisticada começou em 1994, quando seu fabricante, a São Paulo Alpargatas, criou uma estratégia de revitalização da marca inspirada nas provocações de Ângela Hirata, precursora da idéia de levar o produto para o mercado internacional.

A empresa decidiu, então, lançar as Havaianas Top, uma linha de modelos em cores e formatos diferenciados, pois tradicionalmente só produzia o chinelo em cinco cores. A política de comunicação também foi renovada: as peças de publicidade deixaram de fazer referência ao produto e passaram a destacar o usuário e suas atitudes. De forma agressiva, a empresa passou a patrocinar eventos de moda. Para conquistar o cenário internacional, reorganizou a rede de distribuidores e empreendeu iniciativas ousadas como a fabricação de um modelo decorado com os cristais austríacos Swarovski, que foi oferecido às estrelas do mundo do cinema que concorriam ao Oscar 2003, uma das festas mais televisionadas do mundo. Ângela Hirata diz ter percebido a virada quando soube que "aqueles que ditam moda se davam ao luxo de ir a uma festa black-tie usando sandálias Havaianas".

Atualmente, Havaianas é uma das marcas brasileiras mais reconhecidas e valorizadas no exterior. Os olhos oblíquos de Ângela brilham intensamente quando ela relata o resultado do seu sonho que parecia uma idéia visionária, um "sonho impossível": as sandálias são exportadas para mais de 80 países e podem ser encontradas em lojas elegantes como a Colette e a Maison Kabuki, em Paris, onde dividem espaço com as últimas criações de famosas grifes de renome internacional. Também estão nas prateleiras de magazines chiques como a Saks, em Nova York, e nas vitrines da badalada Via Spiga, em Milão, ao lado de nomes consagrados como Dior e Prada – um feito e tanto para esse chinelo que, de tão popular, chegou a custar apenas R$ 4.

Os números impressionam: cinco pares são fabricados a cada segundo; quase três bilhões de pares já foram vendidos. Faça as contas: se você colocasse lado a lado todas essas sandálias – para facilitar vamos considerar as de tamanho médio, número 37 –, elas dariam cerca de 50 voltas em torno do planeta!!!

Quando perguntaram a Rui Porto, diretor de Mídia e Comunicação da São Paulo Alpargatas, a razão do sucesso das Havaianas, ele respondeu que não existe fórmula mágica: "Isso só foi possível graças ao comprometimento com a mudança." Ou seja: com a nova causa que foi explicitada.

As pessoas só se comprometem quando entendem o porquê das ações. Sendo assim, o líder eficaz é aquele ou aquela que comunica constantemente a causa e a estratégia, usando para isso todos os meios possíveis; esclarece como os objetivos e metas de curto prazo são fundamentais para a causa comum; e acredita que as pessoas estão dispostas a oferecer o melhor de si e até mesmo a fazer sacrifícios, desde que conheçam a Causa, o Porquê, o Rumo, a Razão de Ser do seu cotidiano.

Explicitar o rumo também está entre as preocupações de uma empresa americana que se destacou por suas propagandas criativas e irreverentes: a Nike, fabricante de tênis e roupas esportivas. Fruto de uma parceria iniciada em 1964 entre o professor de corrida Bill Bowerman, da Universidade de Oregon, e o corredor e ex-aluno Phil Knight, a empresa lançou em 1971 o primeiro tênis da marca já com o logotipo que viria a se tornar um dos três mais reconhecidos mundialmente – ao lado da rede de lanchonetes McDonald's e do refrigerante Coca-Cola. A idéia não era apenas apresentar um novo modelo de tênis, mas propor um novo estilo de vida.

Frases espalhadas em sua sede – um conjunto de 11 prédios em Portland, no Oregon – encarregam-se de lembrar aos funcionários essa causa:

"NIKE NÃO VENDE PRODUTOS. NIKE INSPIRA SONHOS."

"VOCÊ É UM VENCEDOR QUANDO ULTRAPASSA SEUS LIMITES."

"SE VOCÊ TEM UM CORPO, VOCÊ É UM ATLETA."

Toda a arquitetura do Nike World Headquarters está de acordo com essas bandeiras. Além de uma ampla e moderna academia de ginástica, o conjunto abriga uma piscina olímpica com 15 raias, um paredão de 25m para escalada, uma pista de corrida coberta que contorna toda a imensa área onde a sede da empresa está instalada, quadras de basquete, golfe e tênis e três campos de futebol – chamados de "Ronaldo Fields", com direito, inclusive, a uma estátua do nosso famoso jogador canarinho. Os desprevenidos podem até pensar que se trata de um clube recreativo. Mas o fato é que praticar esportes faz parte do trabalho dos mais de três mil funcionários da Nike.

Ao oferecer bandeiras, as empresas vencedoras tentam superar um dos maiores desafios atuais: atrair e reter os profissionais que farão diferença. Assim como os times de futebol às vezes perdem seus melhores jogadores, as empresas também encontram dificuldade para preservar seus talentos. Uma das razões é que mudaram os valores no que se refere ao mundo do trabalho e à vida. A tendência das pessoas hoje é se identificar cada vez menos com uma organização específica. A lealdade será cada vez mais à própria carreira. E às causas nas quais se acredita.

Portanto, o Líder Cinco Estrelas terá que conquistar e reter talentos pelas bandeiras que oferecer, indicando o porto de chegada e as escalas intermediárias na "viagem" da sua equipe de trabalho, família, grupo ou comunidade, mostrando, desde o princípio, que o importante não é de onde vieram, nem onde estão, mas aonde desejam chegar. Precisa ajudá-los a inventar o futuro, em vez de perder tempo tentando adivinhá-lo. Afinal de contas, liderar não é gerenciar o hoje, mas preparar o futuro!

Você já refletiu sobre isso? Tem abraçado causas ou tem apenas oferecido tarefas e exigido o cumprimento de metas daqueles que o cercam?

Mas atenção: definir uma causa *não* é escolher um slogan. Não é um mero jogo de palavras bonitas nem tampouco uma utopia irrealizável. Não se trata de um artifício utilizado por líderes populistas para jogar para a platéia como fazia Mao Tsé-tung, que dizia ter como causa "servir ao povo" mas vivia como um imperador, cercado de concubinas e carregado em liteiras por servos. Essa atitude apenas ilustra a sua brilhante capacidade de manipular, justificando suas ações, que muito o beneficiaram, como se estivesse servindo aos outros.

## QUAIS SÃO AS SUAS BANDEIRAS?

Se você for pai ou mãe, uma boa causa para apresentar ao seu filho é tornar-se um cidadão de sucesso, uma pessoa íntegra e solidária. É mais importante educar uma criança a partir desses princípios, que a estimulam a desenvolver o seu melhor, do que ficar apenas cobrando nota máxima na escola ou exigindo que seja o mais inteligente da classe ou a menina mais bonita do bairro. A causa ultrapassa as medidas quantitativas de sucesso.

Uma boa causa para um professor que enfrenta dificuldades no ensino é oferecer aos alunos a oportunidade de se tornarem PESSOAS COMPROMETIDAS EM MELHORAR O MUNDO, DANDO UMA CONTRIBUIÇÃO DIFERENCIADA PARA UMA MELHOR CONVIVÊNCIA SOCIAL. É mais eficaz do que simplesmente conferir a lição, o dever de casa, a nota na prova, o boletim no final do mês.

Já uma empresa não deve se limitar a estabelecer metas de desempenho numérico, quantitativas, do tipo o diretor dizer que pretende elevar as vendas em 10%; ou o gerente financeiro anunciar que é preciso aumentar a rentabilidade em 5%. A causa vai além. É um "porquê" que estimula os envolvidos a fazerem sacrifícios e a suportarem o "como". É mostrar, por exemplo, de que modo a participação dos membros de sua equipe pode contribuir para a missão da empresa. E despertar neles o orgulho de participar de algo que dá significado e transcende o seu dia-a-dia.

A verdadeira motivação não envolve apenas salário ou a oferta de benefícios. É muito mais que isso. A ferramenta principal para motivar uma equipe é mostrar claramente a razão de ser do negócio da empresa e como o trabalho de cada um contribui nessa direção.

A maioria das pessoas se sente motivada quando percebe o impacto do seu trabalho na causa, na obra da empresa.

Quando uma pessoa trabalha atrelada a uma causa, sente-se como parte de algo muito maior do que apenas como uma peça da engrenagem. É como o trabalhador da construção civil, citado naquela antiga fábula francesa, que se vê construindo uma catedral e não como um mero carregador de tijolos.

SE VOCÊ AINDA NÃO TIVER DEFINIDO A SUA BANDEIRA, FAÇA ISSO AGORA MESMO. FORMULE A CAUSA QUE SERÁ COMPARTILHADA COM OS QUE O CERCAM. ISSO O AJUDARÁ A TRANSFORMAR SEUS SONHOS EM REALIDADE! E VOCÊ DARÁ O PRIMEIRO PASSO PARA EXERCER A LIDERANÇA DE MODO MAIS EFICAZ. VAMOS LÁ, TIRE O SONHO DA CABEÇA E PROCURE TRANSFORMÁ-LO EM UMA CAUSA COMUM PARA SUA EQUIPE, FAMÍLIA, ESCOLA OU COMUNIDADE.

# SEGUNDO PASSO
# RECONHEÇA A ESTRELA QUE HÁ NOS OUTROS

"PRECISAMOS EVOLUIR DE UM NEGÓCIO GRANDE PARA UM GRANDE NEGÓCIO."

Essa foi a sugestão que Tatiana Guardabassi deu ao pai, um dos maiores conhecedores de carnes do país e mestre nas artes do churrasco, Marcos Guardabassi. O paulistano descendente de italianos e açougueiro por profissão mandara a filha estudar Administração nos Estados Unidos porque desejava reinventar seu negócio.

Na época, ele era proprietário de um açougue sofisticado aberto em 1962, de uma central frigorífica que fornecia carnes nobres a hotéis e restaurantes desde 1978 e de uma churrascaria inaugurada pouco depois. Bassi, como é conhecido, criou cortes inovadores de carne e popularizou a fraldinha e a picanha.

A perspicaz observação da filha o estimulou a "ajustar o foco" e mudar o rumo do seu negócio: em 1999, Bassi desfez-se da cadeia de produção de carnes in natura – criação, abatedouro, açougue, transportadora, etc. – comercializadas com o seu nome, mantendo apenas um contrato de cooperação com o comprador, a multinacional americana Braslo, que terminou em 2005. Ampliou e reformulou seu restaurante, situado no bairro da Bela Vista, região central de São Paulo, que passou a abrigar também uma butique de carnes, uma adega e uma sala para conferências. "Eu tinha um açougue, vendia carne. Depois de ouvir a minha filha, passei a vender a educação de como usar a carne", explica. Ou seja, Bassi deixou de criar boi para criar um mercado.

Sempre empenhado em educar o consumidor brasileiro, Bassi foi pioneiro em mostrar como tratar a carne em um programa de televisão há 35 anos. Ele conta que, na ocasião daquela entrevista na TV, menos de 2 milhões de pessoas faziam churrasco nos moldes atuais. Hoje, são 60 milhões a cada fim de semana!

Essa guinada no seu negócio aconteceu porque Bassi investiu na formação de uma líder, não de uma seguidora. Se a filha fosse educada apenas para obedecer, sem iniciativa – portanto, como seguidora –, não teria liderado o pai nesse momento decisivo que provocou uma mudança radical na estrutura dos negócios. Os seguidores, em geral, dão continuidade ao que já existe. Já os líderes trazem idéias que promovem um avanço, uma mudança de patamar. Empresas, escolas, clubes, ONGs e demais instituições precisam não de seguidores, mas de líderes atuantes em todos os níveis, não apenas no topo.

O PAPEL DO LÍDER COM "L" MAIÚSCULO, O LÍDER CINCO ESTRELAS, É O DE FORMAR OUTROS LÍDERES, NÃO APENAS SEGUIDORES.

Quando pensamos em liderança, a primeira imagem que nos vem à mente é a de uma pessoa iluminada andando na frente com um grupo de seguidores atrás. Estes se limitam a acompanhar o rumo predeterminado e são recompensados por sua lealdade. É como se a palavra líder fosse sinônimo de pessoa bem-dotada, bem informada, visionária – nada mais obsoleto que essa visão elitista da liderança. Os verdadeiros líderes formam outros líderes, não formam apenas seguidores!

Talvez você compreenda melhor essa provocação se fizermos uma analogia. No passado, gênio era aquele que saía de dentro da lâmpada, lembra-se? Genial era inventar um produto, fazer uma descoberta científica ou ter um lampejo de inspiração em um momento mágico – esse era o gênio de outrora.

Quando a inovação e a imaginação tornaram-se a matéria-prima que diferencia o sucesso do fracasso, gênio passou a ser aquele que é capaz de criar um ambiente favorável para despertar a genialidade nos outros – esse é o gênio do futuro. Um exemplo é Walt Disney, que foi genial não apenas por ter criado personagens como o Mickey e Pato Donald, mas por ter incentivado uma cultura que viabilizou a criação de novos personagens de sucesso mesmo depois de ele ter saído de cena.

Infelizmente, a capacidade de preparar sucessores – o que implica a formação de vários líderes – tornou-se o principal calcanhar-de-aquiles dos empreendedores, líderes empresariais, profissionais liberais e políticos.

Médicos, dentistas, arquitetos, advogados e outros profissionais liberais vivem essa angústia. Nem sempre conseguem identificar o sucessor dentre seus colegas de profissão, sócios ou parceiros no consultório ou escritório especializado. E, muitas vezes, a reputação construída, a seleta clientela e o notório saber não são passados adiante, e o consultório ou escritório não sobrevive ao desaparecimento do fundador.

Também é comum tentar fazer de um dos filhos o herdeiro de sua expertise. Um amigo de infância, hoje um famoso advogado em Florianópolis, pretendia convencer a filha adolescente a estudar Direito para herdar a sua respeitável banca advocatícia. No caso, além da sucessão, ficou claro outro problema mais profundo: o pai desejando que a filha abandonasse os sonhos dela para dar continuidade ao sonho dele. Certa vez, enquanto eu degustava deliciosos mexilhões frescos durante um almoço em sua casa de praia, pude observar a garota surfando ondas altas. Parecia bastante feliz. Não conseguia vê-la entrando no Fórum para defender causas criminais. Perguntei-lhe sobre seus sonhos futuros e ouvi uma resposta bem taxativa: "Papai quer que eu seja advogada para dar continuidade ao escritório dele, mas o meu sonho é ser empresária no ramo de equipamentos esportivos."

Quem, então, assumiu o papel de advogado fui eu, tentando convencer o ilustre jurista de que sua filha provavelmente seria uma mera seguidora dele, jamais uma líder, se deixasse de perseguir os próprios sonhos.

De pouco adiantou minha argumentação. Ela se formou em Direito, sucumbindo à pressão paterna, mas não assumiu o escritório do pai. Atualmente cursa um MBA em marketing esportivo. E ele, que se encontra bastante adoentado, não conseguiu identificar nem treinar um sucessor. Ambos perderam um tempo precioso.

Muitos políticos também tentam fazer de seus filhos os seus

herdeiros. Como se trata de um mundo marcado pelo jogo de interesses fluido e muitas vezes ambíguo, parece-lhes seguro ter parentes próximos em cargos de confiança. Poucos acertam, e seus filhos até os superam, por não cometerem os mesmos erros dos pais. Mas a maioria erra feio ao promover jovens sem nenhum talento para lidar com o interesse público nem para se comprometer com a causa do bem-estar das comunidades que os elegeram.

## ENSINE A QUESTIONAR

Esse atributo do Líder Cinco Estrelas – a capacidade de formar outros líderes, não apenas seguidores – está na ordem do dia quando se pensa em sucessão, pois a carência de líderes em vários níveis é um dos pontos mais críticos nas empresas, famílias, escolas, clubes, associações e comunidades.

Por isso, os educadores em todos os sentidos – pais, mães, professores, orientadores, psicólogos e demais profissionais da área – devem criar condições favoráveis à formação de líderes do futuro, estimulando crianças, adolescentes e jovens a questionar, buscar respostas e, principalmente, a formular questões que os levem ao aprendizado, que os ensinem a aprender. Ou melhor, que os levem a APRENDER A APRENDER.

No entanto, os educadores que se limitam a preparar seguidores costumam ensinar as crianças a ser obedientes e os alunos a ser enquadrados e certinhos, exigindo que saibam "de cor e salteado" as lições e dêem sempre as respostas esperadas. Caminhos diferentes são desestimulados; vigora a norma do "não pode", "não faça", "não dá". Infelizmente, ainda prevalecem os velhos ditados populares que inibem a iniciativa dos jovens.

Contudo, não estou defendendo o extremo oposto e que cada um faça o que quer. De forma alguma! Afinal, a permissividade, a falta de limite, também não ensina ninguém a ser líder. O jovem não aprende, por exemplo, a assumir responsabilidades e arcar com as conseqüências dos seus atos. Se for educado em um clima de "faça o que quiser" ou "você é quem sabe...", não aprenderá a se comprometer com aqueles com quem convive. É preciso soltar as amarras, sim, mas dentro dos parâmetros da ética e da responsabilidade, do impacto que suas atitudes e ações podem ter sobre as outras pessoas.

Se o propósito é formar líderes, pais, professores e orientadores – partindo do princípio de que o questionamento é uma das alavancas do crescimento – devem estimular seus filhos, alunos e pacientes a questionar; a fazer certas perguntas em vez de apenas dar as respostas certas; a aprender a pensar, não apenas a executar. Um líder deve saber ousar, respeitando o limite do outro, exatamente como fez Tatiana, filha do mestre das carnes, o paulistano Marcos Bassi.

Você quer outro belo exemplo de como ensinar liderados a questionar? Veja o filme *Sociedade dos poetas mortos*, lançado em 1989, que consagrou o lema *Carpe Diem*, expressão latina que significa "Aproveite o dia". O professor de literatura John Keating, interpretado com maestria por Robin Williams, ensina a seus alunos que é preciso viver com intensidade cada dia que lhe é dado, cada momento que lhe é concedido, para dar valor à sua existência.

A história se passa em 1959 na Walden Academy, uma tradicional escola americana preparatória para a universidade e exclusiva para rapazes. O recém-chegado professor não está preocupado apenas em ensinar o conteúdo curricular. Seu propósito é incentivar os estudantes a pensar por si mesmos, a questionar as "verdades absolutas" de forma construtiva.

Cheio de atitudes inesperadas, o professor pede aos alunos que arranquem dos livros as páginas contendo trechos inúteis ou prepotentes, a fim de lhes mostrar que não devem ficar presos aos padrões vigentes.

Isso não implica deixar a disciplina de lado. Trata-se de um patamar diferente de disciplina – aquela que faz as pessoas se exercitarem para olhar o mundo de um novo ângulo, sem que para isso seja necessário "chutar o balde" em busca de uma visão diferente da usual.

As técnicas de ensino pouco ortodoxas de Keating entram em choque com a direção da escola, que tenta enquadrá-lo. Nos estudantes, o efeito é outro. Ao conhecerem as obras de expoentes da literatura romântica, como o dramaturgo William Shakespeare e o poeta Walt Whitman, os jovens renovam suas existências, descobrem suas vocações, encontram novos interesses.

Ao contrário de muitos professores, Keating formava futuros líderes, não apenas seguidores. Incentivando o grupo a não seguir fielmente receitas prontas, o mestre criou condições para o desenvolvimento de pessoas capazes de exercer a liderança quando necessário. Os professores que são formadores de líderes estimulam os alunos a aprender a descobrir e a inovar de forma contínua.

## Fomente a liderança

O Líder Cinco Estrelas cria estruturas, mecanismos, atitudes e posturas que estimulam a descoberta e o desenvolvimento do líder que há dentro de cada um. O saudoso técnico João Saldanha, que escalou um time de craques para disputar as eliminatórias para a Copa do Mundo de Futebol de 1970, que seria realizada no México, é um bom exemplo. Na época, a seleção canarinho estava desacreditada. Classificou-se a duras penas, naquele sofrido 1 x 0 contra o Paraguai, gol marcado por Pelé aos 32 minutos do segundo tempo na noite de 31 de agosto de 1969 perante 184 mil pagantes, num jogo dramático que levou o Maracanã ao delírio.

João Saldanha criou uma forma peculiar de jogo escalando três canhotos no time – Gérson, Rivelino e Tostão. Nos esquemas predefinidos da época, conhecidos como 4-2-4 ou 4-3-3, pelo menos um dos três craques teria de sobrar. O aparente dilema de João Saldanha foi discutido pelos 90 milhões de técnicos de futebol, ou seja, toda a população brasileira de então. Deveria deixar de fora um talento para enquadrar o time em uma tática? Ou deveria montar uma estratégia especial em função dos talentos de que dispunha? O treinador não pestanejou: desafiou o pensamento vigente e escalou os três canhotos, inventando um novo esquema tático para fazer o melhor uso dos talentos. Além disso, escalou o time titular com meses de antecedência, não deixando dúvidas no ar nem espaço para especulações e rivalidades desnecessárias.

A insistência em manter a escalação apesar das pressões dos militares – que tinham preferências por outros jogadores como Dario, o folclórico centroavante artilheiro do Atlético Mineiro – custou-lhe o cargo. Saldanha foi substituído por Zagallo, que herdou a base do time e foi um discípulo aplicado.

O time era tão eficiente que, mesmo depois de Saldanha ter sido demitido, prevaleceu a base que ele escalara. A presença de líderes eficazes é sentida mesmo quando estão ausentes.

E aí deu no que deu: o Brasil venceu a Copa do México e conquistou o título de tricampeão mundial de futebol. A vitória foi fruto de coragem, determinação e sabedoria. João Saldanha aumentou a auto-estima dos jogadores e cultivou os diversos líderes com que contava. Personalidades do calibre de Pelé, Carlos Alberto, Gérson, Tostão e Piazza eram muito mais que apenas jogadores extremamente talentosos. Eram também líderes excepcionais.

O técnico da seleção brasileira masculina de vôlei, Bernardinho, heptacampeão da Liga Mundial e medalha de ouro tanto nos Jogos Pan-Americanos do Rio de Janeiro como no Campeonato Mundial disputado no Japão, todos em 2007, também criou uma equipe de "feras". O técnico afirma que "no esporte, temos a idéia de que o único líder é o capitão, a quem cabe comandar o time dentro do campo. Não acredito nisso".

Em uma equipe composta de 12 jogadores, Bernardinho montou a sua "fábrica de líderes". Conseguiu identificar e estimular seis deles para exercerem em algum momento esse papel e, assim, inspirar a equipe como um todo.

"Quando cheguei à seleção masculina, Nalbert já era o capitão, mas tínhamos outros jogadores que também já 'estavam' líderes: Giovane e Giba", conta Bernardinho. "Ao longo de nossa caminhada, Ricardinho, Sérgio e Gustavo também passaram a dar sua contribuição. Afinal, uma equipe precisa de *líderes* (grifo do autor) que todos olhem como referência. São eles que ajudam o treinador..."

Mas nem tudo são flores no papel de formador de líderes. Logo após a vitória na Liga Mundial em 2007, Bernardinho decidiu cortar o melhor jogador da competição, o grande levantador Ricardinho, às vésperas da estréia no Pan-Americano do Rio. Como todo grande líder, responsabilizou-se também pelas causas que o levaram a tão dramática decisão: "Foi falha minha como líder não ter conseguido convencer o Ricardinho a ter uma conduta condizente com nosso projeto. Seria muito fácil atribuir a culpa toda a ele", afirmou, sem esconder a emoção na voz.

O técnico da seleção feminina de handebol, Juan Oliver, também demonstrou a preocupação de formar líderes na quadra e de construir uma equipe a partir dos pontos fortes de suas lideradas. "Antes, [os treinadores] queriam mudar nosso jeito de jogar, mas Juan nos deixa ser como nós realmente somos", disse a goleira Chana Masson, principal destaque na vitória sobre Cuba que garantiu ao Brasil a medalha de ouro nos Jogos Pan-Americanos do Rio e a vaga para as Olimpíadas de Pequim em 2008.

Jogando atualmente no Randers – time da Dinamarca, país tricampeão olímpico –, a jogadora nasceu em Capinzal, cidade de apenas 25 mil habitantes no interior de Santa Catarina. Começou a jogar handebol na escola aos 17 anos. "Me colocaram no gol porque eu era gordinha e feia", lembra a jogadora. Mas ela se orgulha de sua posição. Não é para menos: foi eleita a sexta melhor jogadora do mundo pela Federação Internacional de Handebol. "Eu era a única goleira entre as oito melhores do mundo."

O currículo da atleta exibe outras vitórias importantes, como a medalha de ouro no Pan 1999, que garantiu a primeira participação de um time feminino de handebol do Brasil em Olimpíadas (Sidney, 2000). Porém nenhuma se compara à conquista do ouro no Pan-Americano do Rio, atribuída ao trabalho do técnico, que, em vez de moldá-las, deixou cada uma dar o melhor de si. "A alegria que demonstramos em campo vem dele", reconhece a jogadora.

Se nas diferentes modalidades esportivas é fundamental contar não apenas com profissionais tecnicamente competentes, mas também com líderes diferenciados, essa necessidade é mais premente ainda no mundo empresarial.

A prática da sucessão é um dos critérios mais importantes utilizados por potenciais investidores na avaliação das empresas, revelou uma pesquisa conduzida pelo Escritório de Advocacia Barcellos Tucunduva, baseado em São Paulo, com 30 executivos dos maiores bancos brasileiros: quase 70% dos entrevistados acreditam que o plano de sucessão contribui decisivamente para aumentar o valor de mercado da empresa e muitos revelaram que a sucessão é vital para a valorização de uma corporação.

Ninguém quer investir em uma empresa com futuro incerto. Os potenciais acionistas estão atentos à profissionalização da empresa, isto é, à presença de líderes em todos os níveis.

São várias as razões que impõem a necessidade de pessoas capazes de exercer a liderança nas empresas – tanto em quantidade quanto em qualidade:

- As empresas precisam estar muito mais próximas de seus clientes, parceiros e comunidades. Elas crescerão no exterior ou no mercado doméstico na mesma proporção em que forem capazes de dispor de líderes para atuarem na sua crescente capilaridade geográfica.
- As grandes empresas estão se reestruturando em unidades de negócios de menor porte e mais autônomas para se tornarem mais competitivas. Mesmo aquelas que estão buscando economias de escala por meio de fusões e aquisições estão

simultaneamente se fragmentando em unidades de negócios.

- As áreas funcionais devem ter espírito mais empreendedor e menos burocrático. Precisam de líderes (e não apenas gerentes) que saibam atender seus "clientes internos", em vez de chefes que criam burocracias como fonte de poder.
- A consciência crescente de que fatia de mercado, rentabilidade e lucros são ativos perecíveis que podem desaparecer em pouco tempo. Os líderes que desejam perpetuar suas empresas precisam não de seguidores leais, mas de pessoas capazes de empunhar a causa da empresa no momento seguinte.

O cenário, portanto, mudou. Em vez de poucos líderes no topo da pirâmide, como no passado, as empresas competitivas passaram a necessitar de muitos líderes em todos os níveis.

A Solví, cuja causa é "Ser a melhor empresa na gestão de engenharia de soluções para a vida", percebeu essa necessidade e começou a preparar seus líderes atuais e potenciais para o futuro. Com uma trajetória diversificada, a Solví passou por diversas fases: começou como uma empresa tipicamente familiar sediada em São Paulo, em seguida foi adquirida por um grupo brasileiro do setor de construção e depois por uma multinacional francesa com a cultura empresarial caracterizada pelo binômio planejamento e controle. Recentemente a empresa entrou em uma nova fase e voltou a ser controlada por empresários brasileiros que desfraldaram a bandeira da profissionalização.

Formar uma nova geração de líderes foi uma das primeiras decisões tomadas nessa nova fase. Assim teve início um programa de desenvolvimento, o Liderar, com a meta de formar cerca de

200 profissionais alinhados com a filosofia da empresa e com a postura de líderes. Um desafio e tanto para uma organização bastante diversificada – seus negócios englobam resíduos industriais, água e outras concessões de serviços públicos – e com enorme capilaridade geográfica: seus projetos cobrem todo o território nacional, de Manaus, no Amazonas, a Farroupilha, no Rio Grande do Sul. Além disso, opera um projeto de saneamento básico em Lima, a capital peruana. A Solví possui 12 mil colaboradores atuantes no conjunto das 30 empresas que formam o grupo.

Mas esse desafio é contrabalançado pelo enorme comprometimento dos seus dirigentes em investir no capital humano e formar líderes em todos os níveis. Nas reuniões em cafés da manhã programados nas diversas cidades onde a empresa atua, seu presidente, o engenheiro Carlos Villa, procura sempre demonstrar como a receita do sucesso da Solví é diretamente proporcional ao crescimento dos seus colaboradores como líderes.

Os principais acionistas e dirigentes participam ativamente: acompanham os eventos, avaliam os resultados, contribuem para a melhoria da performance das pessoas em treinamento, forjam o casamento do programa com a estratégia e com o dia-a-dia da empresa – lado a lado com diretores, gerentes, superintendentes e outros profissionais mais jovens com alto potencial.

Ao praticar o novo modelo de liderança, a Solví demonstra ao mundo empresarial que líderes eficazes são aqueles capazes de arquitetar e implantar formas de organização que permitam o florescimento da liderança nos outros – justamente o oposto daqueles gestores acometidos pela “doença” dos que preferem cercar-se de pessoas menos competentes para brilhar na lealdade cega dos membros da sua equipe.

Gestores muitas vezes se queixam de que os colaboradores são pessoas acomodadas, sem iniciativa, que não fazem mais do que o necessário para ganhar o salário no fim do mês. Mas repetem antigos bordões, como o célebre e castrador: "Você é pago para fazer, não para pensar." É fundamental criar um clima de criatividade e inovação, pois a imaginação humana é o combustível da economia atual. As empresas precisam de pessoas criativas, flexíveis e intuitivas.

Também não faz mais sentido aquela velha idéia do mítico líder carismático que tem pessoas "atrás de si". O líder competente tem pessoas "em torno de si". "O líder não pode ficar muito à frente do desfile, sob o risco de parecer que não faz parte dele", alerta ironicamente John Naisbitt, o conhecido especialista norte-americano em megatendências globais.

Posturas ultrapassadas como essa – associadas à crença de que o papel do líder é apenas formar seguidores – podem levar um império à ruína, como ficou evidenciado no clássico *Cidadão Kane*. O filme retrata a ascensão e queda de um grande empreendedor, um mito da imprensa americana, Charles Foster Kane, inspirado no milionário das comunicações William Randolph Hearst. Sua trajetória de garoto pobre do interior a magnata da mídia encerra muito do sonho americano: idealismo, espírito de iniciativa, dinheiro, fama, poder, mulheres.

Após herdar uma fortuna, Kane resolve se dedicar a um dos negócios menos rentáveis que passam às suas mãos: um jornal pouco influente. Para isso atrai talentos dos veículos concorrentes oferecendo altos salários e pratica um jornalismo agressivo, que freqüentemente apela para o sensacionalismo.

Bem-sucedido nos negócios, Kane tenta se eleger governador do Estado da Califórnia, com uma candidatura independente, mas é derrotado. Seus dois casamentos fracassam. Ele compra um teatro a fim de transformar sua segunda mulher, sem talento algum, em cantora de ópera, mas não obtém resultado. Passa os últimos dias de sua vida sozinho no emblemático palácio de Xanadu, que mandou construir, para onde levou obras de arte de valor inestimável e alguns dos animais mais exóticos do planeta.

Kane fracassou porque não formou sucessores e ficou cercado de seguidores da pior espécie: os bajuladores, os "puxa-sacos". Não teve nenhum assessor honesto para alertá-lo; nenhum "herdeiro" preparado para tocar o império que ele construiu; nenhum sucessor...

## DÊ CONTINUIDADE À SUA CAUSA

Há outra razão pragmática para formar novos líderes: garantir a implementação e a sustentabilidade da sua causa. O líder precisa de sucessores para disseminar e perpetuar seu sonho individual quando este é transformado em sonho coletivo. Portanto, não se trata apenas de altruísmo, idealismo, um gesto politicamente correto, e sim de uma iniciativa revestida de muito pragmatismo.

Quem não tem sucessores naufraga. Um grande número de empreendedores no mundo inteiro começa negócios fantásticos mas quebra porque não consegue preparar outros líderes. Eles encontram uma dificuldade enorme para fazer a sucessão ou nem chegam a pensar no assunto. O sucesso os deixa tão inebriados que agem como se fossem eternos. No afã de cuidar do presente, esquecem que não são imortais e negligenciam a formação de sucessores. O empreendimento, nesse caso, depende única e exclusivamente de um grande gestor. Na falta dele, as coisas desandam e não têm continuidade. A perpetuidade de sua obra fica então ameaçada.

O líder faz-tudo, o lobo solitário, é coisa do passado. O líder eficaz não é mais aquele que tem talento apenas para comandar, mas o que identifica, revela e forma outros líderes nas diferentes circunstâncias da vida: no trabalho, em casa, na escola, na comunidade, nas associações das quais participa; investe no desenvolvimento deles; dá oportunidades, cultiva os pontos fortes, em vez de insistir nos pontos fracos. E assim garante a implementação e a continuidade da sua causa.

E você? Tem se preocupado em formar líderes ou seguidores?

Você, pai, ou você, mãe, educa seu filho para exercer a liderança ou apenas para obedecê-lo? Capacita seu cônjuge e os demais membros de sua família para que cada um desenvolva seus próprios talentos?

Você tem agido como mentor no seu círculo de amizades, no clube que freqüenta, no projeto comunitário de que participa?

Na empresa em que trabalha, você está formando seus sucessores? E, se você é o presidente, está exigindo que seus diretores e gerentes tenham sucessores previamente identificados? Está ensinando a eles que "só é promovível quem é substituível"? Costuma formar equipes multifuncionais e multidisciplinares para liderar mudanças?

NUNCA É CEDO DEMAIS PARA PENSAR EM SUCESSÃO. E NUNCA É TARDE PARA COMEÇAR A IDENTIFICAR E FORMAR NOVOS LÍDERES. POR ISSO, REFLITA SOBRE AÇÕES, POSTURAS E ATITUDES QUE VOCÊ PODE INCENTIVAR PARA DESPERTAR NOVOS LÍDERES EM TODOS OS AMBIENTES QUE FREQÜENTA.

TERCEIRO PASSO

# CUIDE DO TODO, NÃO APENAS DA PARTE

"SÓ SEREMOS PLENAMENTE DESENVOLVIDOS QUANDO TODAS AS NOSSAS CRIANÇAS TIVEREM EDUCAÇÃO DE QUALIDADE, BOM ATENDIMENTO DE SAÚDE, VIVEREM EM BOAS CONDIÇÕES AMBIENTAIS E DE SANEAMENTO – E SOBRETUDO PROTEÇÃO CONTRA TODAS AS FORMAS DE VIOLÊNCIA E EXPLORAÇÃO."

A afirmação não é de um político em campanha nem de um dirigente sindical ou mesmo de um líder comunitário, mas de uma artista que tem presença marcante no cenário nacional. Nos anos 90, ela bateu recordes de venda de discos, execução de músicas nas rádios e de público em seus animados shows. Falo de Daniela Mercury. Essa baiana de Salvador é o que se pode chamar de artista versátil: canta, dança, compõe e supervisiona os arranjos.

Mas sua atividade de líder vai muito além do palco e dos momentos em que grava seus discos ou participa de programas de televisão. Daniela age também na estrutura da cadeia produtiva do entretenimento, pois decidiu produzir seus discos e shows. Para isso montou uma editora que garante o controle de sua obra e evita a vulgarização de sua música. E não parou: fundou uma produtora de shows para concretizar sua independência.

Com a carreira organizada no país e diversas turnês no exterior que lhe trouxeram um enorme respaldo internacional, ela teve condições de se dedicar mais a projetos humanitários. Em 1995 tornou-se embaixadora do UNICEF no Brasil – a frase citada acima foi extraída do seu discurso de posse. Desde então atua continuamente em defesa das crianças.

A cantora também representa a Fundação Ayrton Senna, a UNESCO e a Comunidade Solidária, todas elas organizações sociais sem fins lucrativos. Emprestou seu carisma à maior campanha de vacinação da história de Angola, na África. Em visita a Petrolina, interior de Pernambuco, participou do lançamento do pacto nacional "Um mundo para a criança e o adolescente do semi-árido", documento proposto pelo UNICEF para garantir os direitos de mais de 10 milhões de meninos e meninas que vivem na região expostos a deficiências muito maiores e mais graves que a média nacional. "Não podemos esperar até 2015 para mudar essa situação, é aqui que temos que começar a mudar o Brasil", afirmou ela na ocasião, referindo-se ao prazo de cumprimento das "Metas do Milênio", um compromisso ambicioso assumido por várias nações em desenvolvimento para a redução da pobreza e melhoria dos indicadores de educação e saúde das populações carentes.

Daniela Mercury é um claro exemplo de que o Líder Cinco Estrelas não fica confinado às "paredes" do seu território formal nem fica aprisionado num "aquário" que limita seu campo de atuação; não influencia só quem está do lado de dentro de uma empresa, família, associação ou escola. Ele vai além. Sabe que a realização do sonho pode estar fora dessas "fronteiras". Atua onde faz diferença. Cuida do todo, não apenas da "sua parte". Exerce a "liderança 360 graus": para fora, para cima, para os lados, enfim, onde for necessário.

A filha líder influencia o pai; o jogador influencia o treinador do time; a enfermeira alerta o médico – o verdadeiro líder consegue mobilizar e articular não só seus pares, mas pessoas de diferentes níveis hierárquicos. É um integrador que aglutina as pessoas quer seja na família, no clube, na vizinhança, no trabalho. Estimula e premia a colaboração entre membros de diversas áreas; demonstra empatia, levando em consideração os sentimentos dos outros na hora de tomar decisões. Administra relacionamentos e cria redes; constrói "pontes" em vez de "paredes".

## A NOVA REALIDADE E A ANTIGA MIOPIA DA LIDERANÇA

A capacidade de liderar 360 graus está na ordem do dia das empresas. Cada vez mais é preciso exercer a liderança perante clientes, parceiros e comunidades. Por exemplo, às vezes é preciso liderar membros de outra organização maior que a sua em um consórcio ou em uma fusão entre empresas. Em alguns casos, o desafio é liderar pessoas de culturas diferentes quando a empresa se expande pelo exterior. E, eventualmente, liderar até uma autoridade ou uma celebridade em algum projeto específico.

Essa necessidade também se manifesta em situações mais corriqueiras. Às vezes você precisa intervir em operações de seus fornecedores para garantir o padrão de qualidade e o custo requeridos e aumentar a competitividade de seu negócio. Ou liderar canais de distribuição e pontos de venda dos produtos e serviços oferecidos por sua empresa. Ou mesmo se articular com líderes comunitários para que sua empresa exerça uma eficaz cidadania corporativa.

Ocorre que a maioria dos livros sobre liderança e programas de desenvolvimento educa os líderes para comandar apenas as pessoas que fazem parte da equipe. Aprendemos a focar para "dentro" e para "baixo", como se o capital intelectual da empresa se resumisse ao quadro de funcionários. Os líderes acabam, assim, adquirindo uma visão mais limitada do que a realidade exige. Perdem a oportunidade de atuar como líderes mais plenos, confinados ao exercício da liderança apenas com as pessoas que já são hierarquicamente suas subordinadas.

A nova realidade é bem mais complexa do que essa "miopia da liderança" faz supor. Os resultados das empresas residem mais no "lado de fora" do que no seu "lado de dentro". A competitividade também se encontra na conectividade com clientes, distribuidores, fornecedores, parceiros, formadores de opinião, investidores, legisladores, comunidade, enfim, com todos os agentes da rede de criação de valor da empresa.

Tive oportunidade de aprender o que significa essa liderança 360 graus com um grande mestre. O engenheiro Norberto Odebrecht já dizia há 50 anos que os resultados de uma empresa estão sempre do "lado de fora". Do "lado de dentro" predominam os custos, como ele gostava de afirmar. Logo, é preciso liderar do "lado de fora". Na época nem se falava em globalização. Os setores de uma empresa, em geral, se concentravam no mesmo prédio e o mercado a ser conquistado era o local. Imagine agora que os diversos departamentos podem estar em países diferentes e os clientes, nos mais variados cantos do planeta.

Norberto salientava que, às vezes, convém mudar a estrutura para atender o cliente. "Quando o cliente entra pela porta, a estrutura deve sair pela janela" é outra de suas frases célebres, de um pragmatismo surpreendente. No fundo, o que ele ensina e sempre praticou nos seus negócios é que uma estrutura organizacional deve ser montada de fora para dentro, ou seja, a partir das peculiaridades dos clientes visados pela empresa. Isso é exatamente o contrário da prática atual. A grande maioria das empresas até hoje define a estrutura que lhe é mais conveniente e espera que o cliente se adapte à sua forma de organização. E, veja só, ainda dizem que têm "foco no cliente"...

Algumas estrelas em ascensão no mundo empresarial já começam a demonstrar consciência da importância de liderar 360 graus. É o caso de Roger Agnelli, presidente do Conselho de Administração da Companhia Vale do Rio Doce. Ele assumiu o comando da maior mineradora do país, e uma das principais do mundo, em 2001. Antes, Agnelli havia sido o diretor executivo mais jovem na história do Banco Bradesco: chegou ao posto aos 38 anos.

Suas iniciativas encurtaram esse caminho. Por exemplo, no final da década de 1980, atento ao movimento de internacionalização dos bancos, Agnelli tirou 40 dias para aprender inglês nos Estados Unidos, depois passou quase dois meses fazendo um "estágio" no escritório de um banco japonês em Nova York. Resultado: foi escolhido como orador, na primeira apresentação do banco onde trabalhava, para uma platéia de 300 pessoas em Wall Street.

O Líder Cinco Estrelas não lidera apenas sua equipe; consegue liderar também para "cima". Isso significa influenciar seu chefe, os diretores, o presidente, os acionistas, enfim, todos aqueles que ocupam posição "superior" na escala de poder. Essa atitude requer coragem, ousadia, criatividade, além de iniciativa para levar propostas de decisões a esses escalões, em vez de ficar esperando ordens prontas para serem implantadas.

Roger Agnelli ainda exerceu uma importante liderança externa. Buscando contribuir para tornar a instituição financeira onde trabalhava o principal banco de investimentos do país, ajudou a desenvolver o mercado de capitais nacional. Sua atuação foi decisiva para que, em 1992, investidores estrangeiros apostassem na Aracruz – que atua no segmento de papel e celulose –, a primeira empresa brasileira a oferecer sofisticadas opções de investimentos no exterior.

Também participou da privatização da Usiminas, da abertura de capital de várias empresas e da reestruturação do setor de autopeças, demonstrando boa dose de habilidade para administrar interesses conflitantes. Agora lidera um dos setores mais estratégicos do país, a siderurgia.

O LÍDER COM "L" MAIÚSCULO, O LÍDER CINCO ESTRELAS, LIDERA 360 GRAUS; OBTÉM SINERGIA NO TODO DE UMA ORGANIZAÇÃO E TAMBÉM FORA DELA, CONSTRUINDO PONTES ENTRE A EMPRESA E SEUS CLIENTES, ENTRE A EMPRESA E A COMUNIDADE E ENTRE PARCEIROS.

Líderes como Norberto Odebrecht e Roger Agnelli não ficam atentos apenas ao que se passa dentro das paredes do seu escritório; enxergam o contexto. Em síntese, o líder 360 graus é um "construtor de pontes" entre a empresa e todas as pessoas que atuam em torno do seu negócio, em vez do "construtor de paredes" que no passado separou a empresa dos seus clientes e a isolou da sociedade.

O chileno Marcelo Llévenes ilustra bem essa nova postura. Quando era presidente da ex-CERJ e atual Ampla, distribuidora de energia elétrica para 66 municípios do estado do Rio de Janeiro, ele conseguiu reverter os dois principais problemas enfrentados pela empresa: o furto de energia, conhecido como "gato", e a inadimplência. Entenda: 90% dos 5 milhões de usuários da energia fornecida pela Ampla são residenciais, sendo cerca de um milhão deles de baixa renda.

O executivo promoveu uma reviravolta no atendimento aos clientes que gerou resultados positivos. Para isso abandonou as paredes de seu escritório e foi a campo conhecer seu cliente. "Além de prestar serviços, queremos que a interação com o consumidor gere uma mudança na nossa forma de trabalhar", explica ele.

Llévenes observou que, ao detectarem irregularidades, as empresas, em geral, mandam um funcionário cortar a energia sem negociar com os usuários. O tratamento nem sempre é digno, flexível e transparente. Ele mudou isso dando ao funcionário da linha de frente certa dose de autonomia para resolver os problemas do consumidor, desde que este, em contrapartida, garantisse a diminuição da inadimplência e do popular "gato". Assim, mostrou que trabalho comunitário não consiste apenas em filantropia, mas pode ser o motor de uma profunda mudança em uma empresa.

Para conseguir esses resultados, Marcelo comandou uma profunda transformação na cultura e no clima interno da empresa, apoiado pela V. P. de Recursos Humanos da empresa, a conhecida profissional Eunice Rios. Quando Marcelo assumiu, uma pesquisa indicava que apenas 36% dos funcionários sentiam orgulho de trabalhar ali. Ele então tomou várias medidas ousadas. Dois anos depois, uma nova pesquisa indicava que 91% das pessoas estavam felizes de pertencer à Ampla.

Convém salientar, porém, que esse tipo de liderança não se restringe ao mundo dos negócios. Também pode ser exercido em outras esferas, embora alguns dirigentes empresariais reconheçam que é mais fácil liderar sua equipe no trabalho do que os filhos em casa ou obter bons resultados de alunos em sala de aula.

A liderança 360 graus pode surgir na comunidade, como demonstra José Roberto Caldas Pinto, o Zé Pescador, fundador da primeira organização não-governamental para impedir a pesca predatória na ilha de Itaparica, na Bahia. "Tive que costurar muito com o governo municipal, o poder estadual, empresas como a Petrobras e uma ONG suíça, a Fundação Avina, para viabilizar o meu sonho de construir a Pró-Mar", conta ele.

A falta de recursos não o fez mudar de idéia. Em defesa de sua causa, Zé Pescador falou com representantes do governo e da iniciativa privada. Sua organização começou pequena, limpando as praias, oferecendo cursos para estudantes de escolas públicas da localidade, ensinando os pescadores e seus filhos a preservar o meio ambiente.

Hoje, a ONG diversificou suas atividades. Organiza roteiros e mergulhos ecológicos em que os turistas (entre eles os hóspedes dos famosos hotéis e resorts da ilha) têm oportunidade de vislumbrar a riqueza da fauna e da flora no fundo do mar. Zé Pescador continua dando verdadeiras lições de empreendedorismo social – um exemplo inequívoco de líder que é do tamanho de seus sonhos.

## O PERIGO DE SE FECHAR

Nem todo líder tem a preocupação de se voltar para fora de suas "paredes". Há os que se deslumbram com o poder e se fecham em seu próprio mundo, deixando de perceber o que se passa ao redor. Não é raro que essa postura de "avestruz" – enterrar a cabeça na areia e deixar o resto do corpo exposto – leve ao fracasso. Pode-se dizer que foi o que aconteceu com o maior conquistador da Antiguidade, o macedônio Alexandre, o Grande (356 a 323 a.C.), que mudou o curso da humanidade.

Graças à vitória sobre os bárbaros que ocupavam a atual região da Bulgária, Alexandre se tornou general aos 16 anos. Com o assassinato do pai, assumiu o trono aos 20 anos e se destacou pelo fantástico poderio militar e político. Nunca perdeu uma batalha para um adversário militar. Durante o seu reinado, edificou um império que incluía a Grécia, a Palestina, o Egito, a Pérsia, a Mesopotâmia e partes da Índia. Criador da célebre Biblioteca de Alexandria, propagou a cultura grega no Ocidente.

Após conquistar o Império Persa, seu mais ambicioso objetivo, Alexandre avançou em direção ao Oriente. Seus oficiais macedônios e gregos, contudo, viam com desconfiança a tendência manifestada pelo rei de fundir as culturas ocidental e oriental. Mesmo assim, Alexandre continuou seu projeto imperialista. Dirigiu suas tropas para a distante Índia, onde fundou cidades e colônias militares. Porém, ao chegar ao rio Bias, seu exército, já desgastado pela viagem, se negou a prosseguir a campanha.

Sua grandeza histórica não o poupou de perder para si mesmo a batalha dos seus dramas psicológicos, o que acabou lhe custando a vida. Encastelado nos seus planos, Alexandre subestimou a desconfiança de seus oficiais e o cansaço de suas tropas. Decidiu, então, regressar à Pérsia. Durante a penosa viagem foi ferido gravemente e passou a sofrer de febres que nenhum dos seus médicos conseguiu curar. Morreu na Babilônia aos 33 anos. Logo depois o fabuloso império macedônio foi dividido entre seus generais.

A postura da liderança 90 graus, que leva o líder a se fechar sobre si mesmo, ocasionou outras célebres derrotas, como a do general Leopoldo Galtieri durante a Guerra das Malvinas, em 1982. A euforia tomou conta da Argentina quando, no dia 2 de abril daquele ano, mais de mil soldados vindos do continente tomaram de assalto as então desconhecidas ilhas Falklands, o arquipélago no extremo austral do oceano Atlântico controlado pela Grã-Bretanha desde 1833. O major inglês Mike Norman e seus setenta e poucos soldados foram obrigados a se render. Os argentinos celebraram a conquista das ilhas, rebatizadas de Malvinas, sem imaginar que a verdadeira guerra ainda não havia começado.

Com a cabeça enterrada no seu microcosmo político, o general Galtieri errou muito nas suas avaliações. O primeiro erro foi achar que a Inglaterra – que fica a 14 mil quilômetros de distância e tinha anunciado um corte nos gastos militares e uma nova política de descolonização – não reagiria. Mais grave ainda foi imaginar que os Estados Unidos se manteriam neutros, abandonando seu aliado histórico. O apoio americano veio sob a forma de satélites, mísseis e combustível, além da forte diplomacia americana, que qualificou a ação da Argentina como um levante.

Cometendo o terceiro erro de avaliação externa, embalado pelo ufanismo da vitória inicial contra os ingleses, Galtieri quis resolver a tradicional disputa territorial com o Chile. Enviou para a fronteira com o país vizinho suas melhores tropas de montanha e pára-quedistas. Resultado: o Chile foi o único país latino a apoiar a Grã-Bretanha, permitindo a instalação de potentes radares e a operação de aviões e de serviços de inteligência militar em seu território. Os demais países ficaram neutros ou ofereceram uma discreta ajuda, como o Brasil, que também vivia sob ditadura militar e arrendou dois aviões para as forças armadas argentinas.

No dia 14 de julho, a euforia deu lugar à decepção quando o general Galtieri reconheceu a derrota e declarou em rede nacional de televisão: "*El combate en Puerto Argentino ha terminado.*"

Os líderes empresariais devem se inspirar no exemplo desses generais para evitar catástrofes semelhantes. É preciso deixar de olhar o mundo apenas com a visão míope de dentro para fora e pensar de maneira mais ampla, como revelou o técnico de vôlei Bernardinho. Ele ilustra muito bem a importância de não se preocupar apenas com o próprio "universo" – no caso, com o que acontece dentro da quadra. A organização da logística pode influenciar os resultados. Longas horas de viagens de avião com muitas escalas pode ser desgastante para o time e prejudicar o desempenho dos jogadores.

"Muito mais do que estratégias e fundamentos técnicos, eu tenho que monitorar todos os aspectos que envolvem o nosso time, inclusive viagens em longos e cansativos trechos aéreos, hospedagem e alimentação, além de liderar os atletas, os cartolas, a imprensa", afirmou Bernardinho. "Muita gente supõe que o trabalho do técnico se resume à quadra, mas muitas vezes tenho que administrar até mesmo a vida de alguns jogadores."

## Missão de todos nós

Liderar 360 graus não deve ser uma postura exclusiva de técnicos esportivos, comandantes militares ou gestores empresariais. Qualquer um que exerça a liderança nos mais variados campos de atuação deve ter a máxima atenção para não ficar com a cabeça enterrada. Ao contrário, é preciso estar sempre ligado nas oportunidades de liderar que vão surgindo no dia-a-dia.

Tomo emprestadas as sábias palavras do dramaturgo Bernard Shaw para avaliar a atuação desses líderes ensimesmados: "Os indivíduos bem-sucedidos são aqueles que saem e procuram as condições que desejam; e, se não as encontram, eles as criam." (Shaw poderia ter acrescentado: "Eles as criam onde quer que seja possível, não apenas quando estiverem ao seu alcance mais imediato.")

Será que você está atento a essas possibilidades?

Você, pai ou mãe, preocupa-se em não apenas comandar o seu filho, mas assumir uma participação efetiva na escola?

E você, professor, lidera além da sala de aula do seu colégio e influencia políticas educacionais no seu município?

Você percebe as dificuldades enfrentadas pela sua vizinhança, condomínio ou comunidade, exercendo a liderança nesse campo?

Como empresário ou empreendedor, você está atento ao que se passa fora das paredes de sua empresa? Sai do escritório? Convive com os pontos de venda que atendem os consumidores de seus produtos e serviços, estimulando-os a ser mais coerentes com os valores de sua empresa? Visita seus clientes? Influencia seus canais de distribuição? Conhece as necessidades dos líderes comunitários da localidade onde sua empresa opera?

NÃO FIQUE PARADO! LISTE ALGUMAS SITUAÇÕES EM QUE VOCÊ PODE COMEÇAR A AGIR DESDE JÁ. CUIDE DO TODO, NÃO SÓ DA "SUA PARTE". INICIE QUANTO ANTES A TRANSIÇÃO PARA SER UM LÍDER 360 GRAUS, TORNANDO-SE UM CONSTRUTOR DE PONTES ENTRE VOCÊ E OS PERSONAGENS E ENTIDADES QUE SÃO RELEVANTES PARA O SUCESSO.

QUARTO PASSO

# FAÇA MAIS QUE O COMBINADO

"VOU PRODUZIR ALGO PARA AUMENTAR A AUTO-ESTIMA DAS MULHERES COM CABELOS CRESPOS."

Esse era o sonho da carioca Heloisa Helena de Assis, ou apenas Zica. A ex-babá e vendedora de lingerie e artesanato virou empresária aos 32 anos porque não conseguia encontrar um produto capaz de embelezar seus cabelos crespos e rebeldes. Resolveu, então, inventar um.

Após algumas tentativas frustradas – que lhe custaram a queda de muitos fios, já que ela era sua própria cobaia –, Zica chegou à combinação certa. Pouco depois, abriu o Beleza Natural, seu primeiro salão de cabeleireiro, e começou a aplicar o composto para relaxar os cachos. A recepção das clientes foi a melhor possível.

Em janeiro de 2008, Zica era proprietária de sete salões de beleza no Rio de Janeiro e um no Espírito Santo, com 800 funcionárias, 40 mil clientes por mês e um faturamento significativo o bastante para classificar seu negócio como uma média empresa. O produto desenvolvido por ela foi patenteado e só pode ser usado na sua rede. Todo mês são produzidas cerca de

90 toneladas desse cosmético, em fábrica própria. A fórmula é um segredo guardado a sete chaves.

Empreendedores batalhadores como ela conseguem resultados que ultrapassam as expectativas. Não cumprem metas apenas; dão passos adiante, indo além do que anunciaram alcançar. Fazem mais do que o combinado e sabem criar suas oportunidades. Não ficam de braços cruzados esperando acontecer. Estimulam o senso de urgência e não deixam as coisas para amanhã. Surpreendem pela capacidade de transformar sonhos em realidade. Por isso são Líderes Cinco Estrelas.

A característica de surpreender pelos resultados é fundamental nestes tempos em que se privilegia, às vezes de forma exagerada e erroneamente, a concepção da estratégia em detrimento da sua execução.

Definir a estratégia é, sem dúvida, uma das importantes tarefas do líder. Espera-se que ele tenha visão de futuro, indique o rumo e estabeleça metas e objetivos a serem atingidos pela equipe. Mas seu papel não termina aí.

Executar a estratégia tornou-se tão ou mais importante do que simplesmente concebê-la. O cemitério corporativo está cheio de empresas com estratégias mirabolantes que jamais foram implementadas. Países e comunidades muitas vezes esperam a concretização de promessas políticas e de planos que nunca saem do papel.

O Líder Cinco Estrelas vai muito além de conceber uma estratégia baseada na causa que defende. Ele ou ela executa a estratégia e faz mais do que o combinado.

O maior guru de todos os tempos da área de administração, Peter Drucker, já dizia: "Líder é tão-somente aquele que atinge resultados." Permita-me propor ao respeitado mestre uma pequena alteração – mas que faz toda a diferença: líder é aquele que *supera* resultados, não apenas os atinge...

## É PRECISO FAZER ACONTECER

O fato é que nem todos sabem como obter os resultados desejados. Conheço líderes brilhantes que se satisfazem com a idéia genial, com "o que" precisa ser feito. Mas são infelizes na escolha do "como" da equação. Não são capazes sequer de despertar em si mesmos a determinação e a perseverança necessárias para cumprir as etapas que se impõem. Como poderiam, então, conseguir isso dos outros? Esses líderes não sabem mobilizar parceiros em torno da sua causa. Têm prazer na apresentação de idéias, porém dificuldade na hora da ação.

"Precisamos de mais 'acabativa' e de menos iniciativa", comentou o meu amigo Cássio Matos, na época presidente nacional da ABRH (Associação Brasileira de Recursos Humanos), ansioso por imprimir mais foco nos resultados na instituição que dirigia.

Fazer acontecer, em vez de apenas planejar, é o mantra dos líderes competentes. "Fazejamento" proporcional ao planejamento é o que produz a diferença. Sempre foi assim. Personagens que exerceram a liderança em momentos decisivos da história, como o imperador francês Napoleão Bonaparte, no início do século XIX, e dois políticos que se destacaram durante a Segunda Guerra Mundial – o primeiro-ministro britânico Winston Churchill e o presidente americano Theodore Roosevelt – foram grandes líderes pelo que realizaram, não apenas por sua visão privilegiada. Eles se notabilizaram pelos resultados que alcançaram.

Surpreende pelos resultados o magnata mexicano Carlos Slim, proprietário da Telmex, a importante rival da gigante Telefônica na América Latina. Atual homem mais rico do mundo, segundo a revista *Forbes*, ele desbancou Bill Gates, o co-fundador da Microsoft, que reinou absoluto no ranking dos bilionários por 13 anos.

Criador dos celulares pré-pagos no México, Slim começou a investir no mercado financeiro em 1966. Engenheiro civil de formação, adquiriu empresas no setor imobiliário, de construção civil e de engarrafamento de bebidas. Os negócios cresciam gradualmente até 1982. Em meio a uma das mais severas crises da economia mexicana, enquanto os investidores estrangeiros e locais tentavam se desfazer de seus ativos, Slim fez exatamente o contrário: comprou mineradoras, lojas de varejos e muito mais. Assim formou o maior conglomerado econômico do país – o Grupo Carso.

O maior salto, no entanto, ocorreu a partir de 1990, com a privatização do setor de telecomunicações no México. Slim liderou o consórcio que arrematou o controle da antiga estatal Telmex e chegou ao topo do mundo dos negócios. Para aumentar a venda de celulares, idealizou o chamado "Plano Gillette", que adaptava para o setor de telecomunicações a lógica da empresa que fornece o aparelho de barbear e depois mantém os clientes cativos vendendo lâminas. Hoje o grupo detém 77% do mercado celular mexicano. No Brasil, controla a Claro, uma das maiores operadoras de telefonia móvel.

O magnata criou fundações que oferecem bolsas de estudo a milhares de estudantes e ajudou a recuperar o decadente centro histórico da Cidade do México. Apesar disso, Carlos Slim é uma figura controversa. Seus detratores acusam a Telmex de manter as tarifas mais caras do mundo. Contudo, uma coisa não se pode negar: poucos empreendedores obtiveram resultados tão expressivos e surpreendentes quanto esse empresário mexicano.

Carlos Slim também surpreende por suas declarações. “O equilíbrio emocional está na vida interior... é preciso evitar sentimentos que corroem a alma, como inveja, ciúme, soberba, luxúria, egoísmo, vingança, avareza...”, escreveu em uma carta dirigida a um grupo de estudantes em junho de 1994. O tema em questão era felicidade!

Ninguém menos do que Carlos Slim, o homem que deixou Bill Gates para trás na lista dos bilionários, admite que a felicidade nem sempre está atrelada aos resultados financeiros ou sequer quantitativos.

Surpreendente, não é mesmo? Em recente entrevista à jornalista Estela Caparelli, publicada pela *Época Negócios*, Slim revelou o que o faz feliz: “Minha família. Estar bem com aqueles pelos quais tenho apreço. É isso que me faz mais feliz. Não é fazer bem as coisas ou ter reconhecimento das outras pessoas, entende?”

## UMA OUTRA MÉTRICA

Sabemos que o esporte é uma fonte inesgotável de resultados surpreendentes. Os brasileiros não se esquecerão tão cedo do nadador Thiago Machado Pereira Vilela, que, aos 21 anos, teve uma participação histórica nos Jogos Pan-Americanos do Rio de Janeiro: ganhou oito medalhas – seis de ouro, uma de prata e uma de bronze.

Ironicamente, Thiago quase morreu afogado quando era bebê. A família fazia um churrasco em um sítio de Volta Redonda (RJ), cidade onde ele nasceu, quando o menino de dois anos caiu acidentalmente na piscina. Thiago não sabia nadar. Foi salvo pelo primo Marcelo Peixoto, sete anos mais velho, que, na época, era o nadador da família.

Resultados surpreendentes também podem acontecer nas artes plásticas, na música. Aos três anos, o genial compositor austríaco Wolfgang Amadeus Mozart (1756-1791) já tocava cravo; aos seis, compunha minuetos e outras peças pequenas. Quando faleceu, aos 35 anos, deixou um vasto legado no qual se destacam obras-primas da música instrumental: 41 sinfonias, 27 concertos para piano (fora os que compôs para outros instrumentos), mais de uma centena de minuetos, sem falar nas obras de música vocal. Escreveu 24 óperas, contribuindo de forma decisiva para o desenvolvimento e a popularização do gênero. Há quem afirme que foi na ópera que o gênio de Mozart se realizou de modo mais completo.

*As bodas de Figaro*, de 1786, feita em parceria com o grande libretista Lorenzo da Ponte (encarregado de escrever o texto), é um marco na história da ópera. Não só por retratar de maneira cômica uma situação de conflito social – o direito concedido ao nobre de passar a noite de núpcias com a mulher de seu serviçal, Figaro –, mas pelo ritmo ágil, a sintonia entre a música e os personagens. Foi um sucesso de público na época e hoje faz parte do repertório operístico clássico. Sua famosa abertura é um dos trechos mais executados em concertos no mundo inteiro.

Também merecem destaque os resultados alçançados pelo músico João Carlos Martins. Não tanto por tocar de forma magistral, mas por ter transformado sua vida em uma bela obra. Ele surpreendeu pelo exemplo de superação, de resistência ao infortúnio, em sua volta por cima.

Martins era um pianista que encantava platéias. Aos 20 anos estreou no Carnegie Hall, em Nova York, patrocinado por ninguém menos que Eleanor Roosevelt, ex-primeira-dama americana e delegada dos Estados Unidos na ONU. Em setembro de 1982, o jornal *The New York Times* se referiu a ele como um dos maiores pianistas em atividade. Foi também reconhecido na época como o melhor intérprete de Bach.

A carreira do pianista teve que ser interrompida duas vezes: a primeira, em decorrência de um acidente durante uma partida de futebol; a segunda, após um assalto em Sofia, capital da Bulgária, que deixou sua mão paralisada. As lesões se agravaram tanto que Martins foi forçado a abandonar o piano. De forma irônica, mas sem se lamentar, ele confessou como esses fatos repercutiram em sua vida: "Costumava fazer 21 toques por segundo no piano e depois dos acidentes passei a fazer um toque a cada 21 segundos."

Em 2004, João Carlos Martins reinventou-se, dessa vez como maestro. Uma das maiores orquestras de câmara do mundo, a English Chamber Orchestra, tem se apresentado sob sua batuta. Entre um compromisso e outro, o regente ainda faz um trabalho de introdução à música para jovens carentes no Departamento de Música da FAAM (Faculdade de Artes Alcântara Machado), em São Paulo.

## Novos rumos

O exemplo de João Carlos Martins mostra que o exercício da liderança, longe de ser estanque, pode ser móvel. Não quero dizer com isso que o líder eficaz pula de uma idéia para outra, visando cavar novas oportunidades, antes de definir o que parece ser uma estratégia vencedora. De modo algum; o que não deve faltar ao líder competente é foco.

Só que, às vezes, as circunstâncias mudam e é preciso adaptar a estratégia à nova realidade. Foi o que fez o pianista: soube colher bons resultados mesmo ao ser surpreendido por situações adversas. Antes liderava como pianista; agora lidera como maestro.

As adversidades, aliás, podem despertar nas pessoas uma força que elas desconheciam. É o que revela a história de Zuzu Angel (1921-1976), a primeira estilista brasileira a entrar no mercado americano da moda e a ter suas criações exibidas nas vitrines de grandes lojas de departamentos. Seu trabalho era marcado pela simplicidade, feminilidade, o uso de materiais nacionais e cores tropicais. A carreira dela deslanchava quando o filho Stuart Angel Jones, que era militante político, desapareceu.

A partir daí Zuzu passou a ser conhecida pela tenacidade com que denunciou a prisão, a tortura e a morte do filho pela ditadura militar que dominou o Brasil durante duas décadas, entre 1964 e 1985. Ela procurou a imprensa, intelectuais, a Anistia Internacional e até o senador norte-americano Edward Kennedy, que levou o caso ao Congresso americano. Conseguiu o apoio de celebridades como as artistas Kim Novak, Liza Minelli e o ex-secretário de Estado americano Henry Kissinger. "Eu não tenho coragem. Coragem tinha meu filho. Eu tenho legitimidade", costumava dizer.

Durante cinco anos, Zuzu Angel tentou, em vão, reaver o corpo de Stuart. Tornou-se um símbolo de resistência política. Após sua morte, em um misterioso acidente de carro, o compositor Chico Buarque lhe dedicou a música *Angélica*, que diz assim:

“QUEM É ESSA MULHER
QUE CANTA SEMPRE ESSE ESTRIBILHO.
SÓ QUERIA EMBALAR SEU FILHO,
QUE MORA NA ESCURIDÃO DO MAR.”

No rol de mulheres que conseguiram feitos extraordinários convém incluir Isabel I (1451-1504), a rainha da Espanha que apoiou o projeto Companhia das Índias do navegador genovês Cristóvão Colombo, cujo objetivo era alcançar as Índias navegando diretamente pelo Ocidente, sem imaginar que havia terras pelo caminho.

Colombo tentou primeiro “vender” a idéia para o rei português D. João II, mas não conseguiu convencê-lo. Depois foi a Sevilha falar com os soberanos espanhóis Fernando e Isabel. Ao perceber hesitação por parte deles, deixou transparecer que pretendia viajar para a França a fim de persuadir o rei Carlos VIII. Então, inesperadamente, a rainha Isabel se manifestou a favor dele, mostrando-se inclusive disposta a empenhar as pedras preciosas da sua coroa, se necessário, para financiar sua viagem. Mas não foi preciso.

Atravessando o Atlântico em direção ao oeste, Colombo zarpou com três naus – *Santa Maria, Pinta* e *Nina* – à procura do caminho mais curto e direto para as Índias. Seu roteiro era bem diferente daquele usado pelos navegadores portugueses, que seguiam sempre em direção ao sul e contornavam o continente africano.

Em seu diário de bordo, durante a viagem de 1492, Colombo anotou:

“SUAS ALTEZAS, COMO CRISTÃOS CATÓLICOS, PRÍNCIPES AMANTES E PROMOTORES DA SANTA FÉ CRISTÃ E INIMIGOS DA DOU-

TRINA DE MAOMÉ, BEM COMO DE TODA IDOLATRIA E HERESIA, DECIDIRAM ENVIAR-ME, CRISTÓVÃO COLOMBO, AOS SUPRAMENCIONADOS PAÍSES DA ÍNDIA... E ADEMAIS DETERMINARAM QUE EU NÃO PROCEDESSE POR TERRA PARA O ORIENTE, COMO É DE COSTUME, MAS POR UMA ROTA PELO OCIDENTE EM CUJA DIREÇÃO NÃO POSSUÍMOS ATÉ AQUI NENHUMA EVIDÊNCIA CONCRETA DE QUE ALGUÉM TENHA SEGUIDO."

Colombo guiava-se pelos precários instrumentos de navegação da época e, certamente, confiava muito nas estrelas. Seu "Caminho das Estrelas" tinha um alvo bem definido pelos chamados Reis Católicos, Fernando e Isabel, e escondia um motivo bem mais terreno e pragmático. No momento em que as potências muçulmanas bloquearam as rotas terrestres que se originavam na Europa, a descoberta de um atalho para as Índias por Colombo garantiria à Coroa espanhola acesso privilegiado a riquezas e especiarias valiosas: ouro, pedras, seda, pérola, condimentos, etc.

Apesar de não ter chegado às Índias, no seu regresso Colombo informou aos soberanos que a terra era redonda e ficou famoso por essa constatação. Como não havia previsto que existia um continente entre a Europa e a Índia, foi parar na América por acidente, pensando ter chegado a uma parte desconhecida das Índias – por isso chamou os nativos de índios. Não chegou às Índias Orientais, mas descobriu o Novo Mundo.

Isabel foi a acionista; Cristóvão Colombo, o executor. Ela liderou a empreitada, enquanto ele liderou a expedição. Como diz o velho ditado popular, "por trás de um grande homem há sempre uma grande mulher". Ou será o inverso? Pode-se presumir que a história da humanidade seria outra se essa mulher à frente do seu tempo não tivesse o claro objetivo de projetar a Coroa espanhola para além-mar e se não visse no sonho de Colombo a alavanca para implementar a estratégia geopolítica que ela andava formatando havia algum tempo.

Afinal, quando ela assumiu o trono de Castela, a Espanha estava dividida em feudos e politicamente fraca em relação ao resto da Europa. Ao financiar o sonho de Colombo, Isabel I realizava o seu próprio sonho, lançando as bases que legariam à Espanha o status de maior potência colonial da época.

Muito antes Isabel já havia demonstrado ser uma mulher determinada e de idéias próprias. Resistiu bravamente às diversas tentativas de seu irmão, Henrique IV, de casá-la com Dom Carlos, filho de José II, rei de Aragão, e mais tarde com Alfonso V de Portugal. Em 1469, aproveitou-se de uma viagem do irmão monarca e fugiu para um castelo da família, onde se casou secretamente com Fernando, o outro herdeiro do trono de Aragão, por quem se apaixonara. Acontecimentos dignos de um enredo cinematográfico.

Dois líderes notáveis, Isabel e Cristóvão. Um grande homem e uma grande mulher cujos sonhos se complementaram e tomaram a forma da aventura marítima que mudou o mundo. Em minha opinião, aquele ditado popular deveria ser alterado para: "Ao lado (e não "por trás") de todo grande homem existe sempre uma grande mulher. E vice-versa!"

## TRABALHO EM CONJUNTO

Não posso deixar de mencionar resultados extraordinários no campo da ciência. Um grande exemplo vem do naturalista Charles Darwin (1809-1882). Suas idéias sobre como a vida evolui na Terra, consideradas revolucionárias na época, possibilitaram um avanço marcante no conhecimento científico. Hoje, o princípio de sua teoria da evolução das espécies é aceito universalmente.

A teoria foi apresentada em 1859, com a publicação do livro *A origem das espécies*. A evolução dos seres vivos passou a ser entendida como resultado da melhor adaptação das espécies ao meio ambiente. Sua obra-prima lhe consumiu 20 anos de trabalho, tempo em que levantou sólidas evidências para apoiar suas idéias.

Mas a teoria começou a germinar na viagem pelo mundo que o jovem cientista fez a bordo do *Beagle*, o pequeno navio de exploração científica que o levou até o arquipélago Galápagos, no Equador. No trajeto ele passou, inclusive, pelo Brasil, cuja paisagem o deixou extasiado. Essa viagem histórica, com cinco anos de duração, foi o tema central de uma imponente exposição realizada em 2007 no MASP (Museu de Arte de São Paulo) em comemoração aos 200 anos de nascimento de Darwin.

Dentre as centenas de itens expostos, como reproduções de animais, plantas, fósseis e paisagens, um especialmente chamou a minha atenção: a carta escrita por Josiah Wedgwood, tio do jovem naturalista, ao pai dele, a fim de convencê-lo a autorizar o filho a viajar no *Beagle* em 1831. O Dr. Darwin, pai, achava que o jovem Charles não deveria aceitar o convite para a viagem. Na sua opinião, tratava-se de "um projeto extravagante", como chegou a declarar.

Mas o rapaz não desistiu facilmente. Colocou no papel todos os argumentos que imaginava que o pai usaria:"viagem indecorosa para minha condição de futuro pastor... uma vida sóbria... a mudança de profissão que a viagem exigiria... um empreendimento inútil... etc., etc.". Expôs ao tio cada argumento que o pai utilizaria para dissuadi-lo.

Josiah, então, listou esses argumentos e os organizou de forma didática em uma carta, colocando ao lado de cada obstáculo uma contra-argumentação. A iniciativa antecipou possíveis reações do pai, que acabou cedendo. A permissão para a viagem do filho foi dada.

Se essa carta não tivesse sido escrita, provavelmente o pai não teria concordado e talvez a célebre teoria nem chegasse a ser formulada. Ela documenta, portanto, um momento decisivo na trajetória do cientista. "A viagem do *Beagle* foi de longe o evento mais importante da minha vida e determinou toda a minha carreira", escreveu Charles Darwin.

A carta elucida um ponto fundamental para a realização de um sonho: o apoio de outras pessoas – no caso de Darwin, o tio Josiah; no caso de Colombo, a rainha Isabel. No caso do nadador Thiago Pereira, o primo que lhe salvou a vida.

Ninguém realiza um sonho sozinho, da mesma forma que ninguém exerce a liderança isoladamente. As parcerias são fundamentais nessa empreitada. Todo grande realizador precisa de pessoas para trabalharem ao seu lado.

É JUSTAMENTE AÍ QUE RESIDE OUTRA CARACTERÍSTICA IMPORTANTE DOS LÍDERES CINCO ESTRELAS: MUITOS CONSEGUEM OBTER RESULTADOS INCOMUNS DE PESSOAS COMUNS, FAZENDO MAIS QUE O COMBINADO, SUPERANDO QUASE SEMPRE O ESPERADO.

Em vez de apenas dar ordens e cobrar rendimento, incentivam cada um a fazer o seu melhor, porque dão o seu melhor.

O Líder Cinco Estrelas sabe que a equipe só se beneficia da diversidade dos talentos se houver complementaridade. Por isso estimula parcerias e apóia iniciativas, a fim de montar uma equipe de alta performance – em outras palavras, uma "Equipe Cinco Estrelas".

Esse líder avalia o desempenho de sua equipe, dá oportunidades, mas sabe detectar aqueles que são improdutivos. Não acumula pendências nem vive cercado de pessoas acomodadas ou pessimistas; prioriza aquilo de que a equipe realmente precisa, não apenas o que desejam seus integrantes. Consegue o grau de compromisso e disciplina necessário para realizar sonhos traçados em conjunto, não apenas satisfações imediatistas.

Alcança, enfim, seus propósitos pela força do conjunto, pela sinergia construída. Atua, portanto, como o instrumento pelo qual um grupo de pessoas atinge seu objetivo. E distribui parte dos resultados obtidos à comunidade, em retribuição.

## NÃO À ACOMODAÇÃO

A vida é muito curta para ser pequena. Por isso, é importante pensar grande e sonhar grande. Mas é preciso sonhar com os olhos abertos; sonhar acordado, como fez a advogada Lygia Horta. Em 1987, ela foi uma das fundadoras da Associação dos Moradores e Amigos de Moema, um bairro paulistano com cerca de 80 mil habitantes – número que ultrapassa a população de muitas cidadezinhas do interior. Participou do movimento que conseguiu uma surpreendente vitória em 1989: a suspensão dos pousos e decolagens entre 23h e 6h no Aeroporto de Congonhas, para que a população do bairro pudesse dormir melhor.

Antes mesmo de assumir a presidência da Associação, em 1992, dona Lygia já cedia um dos quartos de sua casa para abrigar as reuniões. Ela conta, com evidente satisfação, como convenceu o então prefeito Jânio Quadros, que esteve em sua casa, a trocar o nome do bairro de Indianópolis para Moema.

Conhecida de longa data das autoridades encarregadas do tráfego aéreo no mais movimentado aeroporto do país, dona Lygia continuou sua luta por mais segurança em Congonhas após o trágico acidente com o Airbus 320 da TAM, que resultou na morte de 199 pessoas na triste noite de 17 de julho de 2007.

O exemplo dessa incansável senhora deve servir para inspirar aqueles que, ainda jovens, se acomodam e acabam desperdiçando a vida em tarefas improdutivas e muitas vezes se arrependem por algo que deixaram de fazer.

A propósito, cabe lembrar a música *Epitáfio*, imortalizada pelos Titãs, que é uma espécie de hino ao arrependimento.

O que você deveria ter feito que ainda não teve a coragem de fazer? *Não espere pelo epitáfio*, como sugere o título do livro do professor Mario Sergio Cortella. Não se acomode nem se apequene, dê logo o primeiro passo em direção ao futuro que deseja construir.

O Líder Cinco Estrelas sabe compatibilizar as pressões da sobrevivência de curto prazo com as necessidades de longo prazo; o hoje com o amanhã. Cuida do presente enquanto cria o futuro!

## O VALOR DA ÉTICA

Gostaria, no entanto, de sublinhar um ponto importante: surpreender pelos resultados não significa obter *qualquer* resultado. Não só os resultados devem ser valorizados, mas também a forma como são obtidos. Não se pode descartar a ética. Permita-me, então, discordar veementemente da afirmação atribuída ao pensador italiano Maquiavel na obra *O príncipe:* para mim, os fins *não* justificam os meios.

Infelizmente há muitos casos de grandes resultados obtidos por meios, no mínimo, questionáveis. Podemos tomar como exemplo o cangaceiro Lampião, que ficou famoso e passou a ser temido em todo o Nordeste brasileiro. Formou um bando de 40 homens, foi pioneiro na guerrilha, tornou-se amigo de coronéis, influenciou as artes populares... Mas era um criminoso, chegando a ter mais de quatro mil soldados no seu encalço. Percorreu sete estados nordestinos de 1920 a 1930, levando medo à população do sertão. Virou celebridade à custa de sangue e sofrimento.

Mas essa é apenas uma reflexão preliminar. O tema ética será detalhado no próximo passo, que mostrará como o Líder Cinco Estrelas inspira pelos valores, não apenas pelo carisma.

## Agora é a sua vez

Pare um instante e reflita:

Você faz parte do grupo dos que apenas planejam ou está entre aqueles que fazem acontecer?

E você, como pai ou mãe, está cobrando de seus filhos apenas o tangível ou os surpreende pedindo o qualitativo, o algo mais que o combinado?

Como aluno, você estuda apenas o suficiente para passar de ano ou surpreende seus colegas, professores e pais sempre dando o melhor de si nos seus trabalhos escolares?

No prédio onde mora, o que você tem feito para melhorar a

qualidade de vida dos vizinhos? Qual a última iniciativa que você tomou para fazer algo surpreendente na sua vizinhança?

Como é o seu desempenho profissional? Você faz apenas o esperado ou vai muito além de bater as metas?

Você está jogando no time dos acomodados e queixosos ou no time dos perseverantes – aqueles que buscam sempre mudar as circunstâncias para fazer as coisas acontecerem?

Qual foi a última vez que você fez alguma coisa pela primeira vez?

QUE TAL AGORA COMEÇAR A INVENTAR O SEU FUTURO? O QUE VOCÊ GOSTARIA DE VER ESCRITO NO SEU EPITÁFIO? EM QUE TIME VOCÊ VAI JOGAR DAQUI PARA A FRENTE – NO TIME DOS SONHADORES OU NO DOS REALIZADORES DE SONHOS? NO TIME DOS QUE SE CONTENTAM COM METAS OU NO DAQUELES QUE SURPREENDEM E FAZEM AS PESSOAS VIBRAREM?

# QUINTO PASSO
# INSPIRE PELOS VALORES

"VOSSA EXCELÊNCIA ESTÁ SE COMPORTANDO DE MANEIRA INDIGNA COM O CARGO DE PRESIDENTE DA CÂMARA. VOSSA EXCELÊNCIA ESTÁ EM CONTRADIÇÃO COM O BRASIL. VOSSA EXCELÊNCIA NA PRESIDÊNCIA DA CÂMARA É UM DESASTRE PARA O BRASIL. OU VOSSA EXCELÊNCIA SE CALA OU VAMOS INICIAR UM MOVIMENTO PARA DERRUBÁ-LO."

Ditas de dedo em riste pelo atual deputado federal Fernando Gabeira, em agosto de 2005, essas palavras precipitaram a queda do então presidente da Câmara dos Deputados Severino Cavalcanti. Três semanas depois, Severino não resistiu às evidências de conduta inadequada e renunciou.

Ao longo de uma carreira de rupturas radicais, Gabeira se tornou um dos principais nomes na luta pela recuperação da ética e da credibilidade da política brasileira. Esse mineiro de Juiz de Fora e carioca por opção era jornalista quando participou na luta armada contra a ditadura militar, que dominou a cena brasileira durante mais de 20 anos. Ao voltar do exílio, anistiado, foi precursor da causa da ecologia, bem antes de o ex-vice-presidente americano Al Gore empunhar essa bandeira; em 1986 participou da fundação do Partido Verde, pelo qual concorreu ao governo do Rio de Janeiro.

Eleito para o primeiro mandato como deputado federal em 1994, parou de defender a estatização da economia por entender que o Estado tem capacidade limitada de investimento e votou a favor da privatização da telefonia. Em 2003 desligou-se do PT por discordar das práticas do partido no governo. "Não digo que meu sonho acabou. Digo que sonhei um sonho errado", alegou na ocasião.

Desde então passou a criticar o governo em sua atuação parlamentar e abraçou uma nova causa, a da reconstrução ética do Congresso Nacional. Seu esforço atraiu a atenção do eleitorado. Em 2006, Gabeira iniciou o quarto mandato, eleito pelo Partido Verde, como o deputado federal mais votado do Rio de Janeiro, e foi apontado pela mídia nacional como um dos cinco mosqueteiros da ética no Congresso.

Nas três bandeiras que tem empunhado ao longo da sua carreira política – a luta contra a ditadura, a defesa da causa ecológica e a cruzada pela ética –, Fernando Gabeira tem inspirado muita gente não apenas pelo seu reconhecido carisma, mas pelos valores que abraça. Inspirar pelos valores é a tarefa mais importante do líder. Esta é a "cola" que une os quatro passos anteriormente citados. Este quinto passo é o que dá sentido aos outros.

## INTEGRIDADE ACIMA DE TUDO

O LÍDER CINCO ESTRELAS CONSTRÓI UM CÓDIGO DE CONDUTA JUNTO AOS MEMBROS DOS GRUPOS DOS QUAIS PARTICIPA EM TORNO DE VALORES QUE SÃO EXPLICITADOS, DISSEMINADOS E PRATICADOS.

Estimula um clima de integridade, confiança, respeito pelo outro, transparência, aprendizado contínuo, inovação, proatividade, paixão, humildade, inteligência emocional e espiritual.

Essa postura favorece a aceitação da diversidade e a inclusão, como se pode comprovar pela atuação da professora do ensino fundamental Maria da Conceição Dias Magalhães. Cega, nascida em uma família de pessoas com deficiência visual, ela ingressou no serviço público por concurso e durante 10 anos trabalhou em uma escola regular da periferia de Belo Horizonte (MG), alfabetizando alunos ditos "normais" e alguns com necessidades especiais – por exemplo, uma estudante com paralisia cerebral. Acabou se tornando referência para vários profissionais.

Desde 2005, Conceição integra, na Secretaria Municipal de Educação, o Núcleo de Inclusão Escolar das Pessoas com Deficiência, que formula políticas públicas escolares inclusivas e promove a formação de educadores. Coordena uma equipe de apoio pedagógico que dá suporte a 36 escolas e ensina o Método Braille a alunos cegos alfabetizados na rede pública municipal.

"Minha experiência como estudante em escolas regulares ajudou-me a compreender melhor meus alunos 'diferentes'", conta. Na época, estudantes com deficiência em geral freqüentavam escolas ou turmas especiais. Hoje, "estimula-se a convivência entre crianças com e sem deficiência para que todas aprendam a lidar com essas limitações de forma natural", explica a pedagoga, que acompanha com entusiasmo os avanços que estão acontecendo nessa área. "Agora a criança e a família sabem que estar na escola é um direito dela", afirma.

Ao inspirar pelos valores, o líder eficaz constrói uma cultura aceita e compromissada, o que fica evidente no exemplo da professora de Minas. O mesmo pode acontecer dentro do universo dos negócios.

Na empresa, a cultura é um conjunto de atitudes, hábitos e crenças. Esse conjunto tem impacto na forma pela qual as decisões são tomadas, como se dá a comunicação interna, os conflitos são tratados, a criatividade é ou não estimulada.

Quase todo dia ouvimos falar da importância de adquirir novas competências para aumentar nossa empregabilidade. Mas poucos profissionais conseguem fugir do lugar-comum do binômio "conhecimentos técnicos/ habilidades interpessoais" na hora de aprimorar suas qualificações.

Investe-se muito tempo e dinheiro no aprendizado de sofisticadas tecnologias que se tornam obsoletas a uma velocidade inimaginável. Aprende-se um arsenal de truques de relacionamento que nem sempre são aplicáveis no duro cotidiano empresarial; servem, no máximo, para transformar os participantes em gerentes mais eficientes no curto prazo, em momentos pontuais.

Pois uma das competências que melhor distinguirá se você é um líder eficaz ou um gerente eficiente será a sua capacidade de inspirar pessoas pelos valores, não apenas pelo poder do seu cargo ou pelo seu eventual carisma. Por isso podemos afirmar que os modelos de liderança baseados apenas na hierarquia estão com os dias contados.

## Um conteúdo diferente

As empresas precisam de líderes com uma bagagem diferente. Não apenas os tradicionais conhecimentos sobre o negócio, o mercado e a tecnologia da empresa, habilidades de comunicação e capacidade de conduzir reuniões produtivas. Isso tudo são ferramentas da eficiência. A nova bagagem tem um conteúdo intangível, que se traduz em valores e atitudes capazes de alinhar um grupo de pessoas em torno de uma causa apaixonante.

Um bom exemplo de líder para os novos tempos é Eduardo Bom Angelo, que durante quase cinco anos presidiu a Brasilprev – empresa de previdência privada cujos acionistas são o Banco do Brasil e o Principal Financial Group – com um claro objetivo: "Meu projeto é introduzir um novo modelo de gestão na empresa que a tornará a melhor, não necessariamente a maior, no negócio de previdência privada no Brasil."

Conhecido por seu talento especial para formar equipes, seu foco no empreendedorismo e sua capacidade de estimular os alunos, Bom Angelo foge do padrão do alto executivo que raramente tem tempo para a família. Sempre fez questão de, pelo menos uma vez por semana, levar o filho à escola. "Não trabalho pouco. Sou produtivo", afirma o dirigente, que sabe equilibrar muito bem seus diferentes chapéus de líder. De fato, durante sua gestão, ele sextuplicou o resultado final do negócio: o lucro líquido da Brasilprev pulou de cerca de 30 milhões de reais em 2002 para mais de 180 milhões em 2007.

Bom Angelo inovou ao implantar na Brasilprev um programa de melhoria da produtividade visando atender a uma demanda dos próprios funcionários: 40% deles declararam ter dificuldade em conciliar a vida profissional com a familiar.

A partir de dezembro de 2005, as luzes dos quatro andares da sede da companhia, na zona sul de São Paulo, passaram a ser apagadas às 20h. Os elevadores também passaram a ser desligados. Depois desse horário e nos fins de semana só ficava na empresa quem tivesse autorização, por escrito, do chefe direto. A intenção era "acabar com a idéia de que profissional bom é aquele que passa longas horas no escritório", afirmou Bom Angelo.

O interessante nesse exemplo é que as medidas poderiam fracassar de cara se o próprio presidente não procurasse tornar seu tempo mais produtivo balanceando as horas dedicadas ao trabalho e à família. Coerente, o Líder Cinco Estrelas serve de modelo sobretudo pela sua conduta. Deve falar aos olhos, não apenas aos ouvidos.

Mas engana-se quem acha que na Brasilprev se trabalha menos. Trabalha-se, isso sim, com maior produtividade. Incansável nas suas iniciativas de inspirar aqueles que o cercam, Eduardo lançou na empresa uma campanha bem-sucedida para aumentar o foco no cliente. Ele também é um ardoroso defensor da postura do autodesenvolvimento contínuo. Investiu em pessoas, na agilização dos processos internos e nas práticas da boa governança corporativa. Sempre com o objetivo de aumentar a produtividade para proporcionar aos funcionários mais tempo livre para pensar, criar e interagir. E conseguiu! Mudou a "cultura de subdesempenho" que predominava na instituição quando assumiu, em 2003, e foi premiado 41 vezes por sua gestão.

Mas o maior prêmio de Bom Angelo é o reconhecimento dos seus liderados. Mesmo depois de sua saída, a maioria das pessoas na empresa continua a citá-lo como um modelo exemplar de liderança: "Ele delega muito e gosta de circular entre nós, o que ajuda bastante a motivar as pessoas", diz um auxiliar direto que trabalhou com ele durante o período em que presidiu a Brasilprev. Bom Angelo demonstrou que é possível conciliar equilíbrio e coerência com altos resultados e admiração da equipe.

Outra característica importante que convém lembrar: o Líder Cinco Estrelas tem foco. Prioriza a sua meta em vez de ficar preocupado com o que a concorrência está fazendo.

A falta de foco pode trazer perdas significativas, como aconteceu com a atleta Poliana Okimoto no Pan-Americano de 2007. Favorita na Maratona Aquática de 10km, Poliana perdeu a medalha de ouro por 2 milésimos de segundo. Durante a maior parte da longa prova realizada em mar aberto na praia de Copacabana ela se manteve na segunda posição, muito próxima da rival americana Chloe Sutt.

Nos metros finais, Poliana acelerou o ritmo e ultrapassou a competidora dos Estados Unidos, mas foi dar uma olhada para a adversária na última braçada e atrasou a batida de mão no pórtico de chegada. Terminou em segundo lugar, recebendo a medalha de prata.

Aconteceu com Poliana o que acontece com muitas empresas: perdem o foco na linha de chegada e "fracassam" no momento da vitória. Muitos dirigentes empresariais se dispersam olhando para os concorrentes, deixando de focar nos talentos ou seus clientes, e acabam perdendo a competitividade.

## O GRANDE REFERENCIAL

Os valores que servem de inspiração aos funcionários ou aos integrantes de uma família, grupo ou comunidade podem estar presentes nas circunstâncias mais variadas. O crescimento da rede Blue Tree Hotéis – primeira empresa de administração hoteleira 100% nacional –, por exemplo, está diretamente ligado à qualidade da prestação do serviço, à atenção ao detalhe, à empatia com os hóspedes. São valores cultivados pela grande dama da hotelaria brasileira e criadora da rede Chieko Aoki.

Quando entrou nesse ramo, transformando o antigo hotel Caesar Park da Rua Augusta, em São Paulo, em um dos mais badalados da cidade, quase não havia mulheres em altos cargos executivos na hotelaria. Mesmo assim, a senhora Aoki soube se impor, com sua capacidade de administração, visão de negócio e ousadia como empreendedora. Que ninguém se deixe enganar por seu sorriso doce e seu tipo mignon!

Foi ela que notou uma demanda silenciosa: um aumento no número de mulheres que viajam sozinhas a trabalho. Procurou, então, criar mecanismos e serviços para que essas hóspedes se sentissem mais confortáveis nos hotéis da rede. São detalhes que fazem toda a diferença. Chieko Aoki investe bastante no intangível, nas atitudes e crenças, e faz questão de se envolver diretamente nesses momentos. Ela é um exemplo de líder que inspira pelo exemplo, não apenas pelo discurso.

Oferecer conhecimento e oportunidades às crianças carentes foi o que inspirou o ex-jogador de futebol Raí. Quando pendurou as chuteiras, ele criou a Fundação Gol de Letra em parceria com outro craque e companheiro da seleção tetracampeã, o lateral-esquerdo Leonardo. As atividades iniciaram-se em 1999, em São Paulo, e se expandiram para Niterói e Rio de Janeiro. Hoje, a fundação atende 1.500 crianças com a missão de oferecer educação e cultura para transformar suas vidas. E vai de vento em popa.

Raí poderia ter seguido uma carreira mais previsível como técnico de futebol, comentarista esportivo ou até mesmo dirigente de clube. Convites não faltaram a esse atleta, que sempre soube se expressar bem e era, na época, uma das celebridades mais caçadas pela mídia. Ele também foi assediado para virar modelo em campanhas de grifes da moda masculina.

Nada disso lhe subiu à cabeça. Coerente com seus princípios, Raí fez questão de marcar, literalmente, como ele faz questão de dizer, o seu mais belo "Gol de Letra", que é o nome da fundação.

Os valores também podem se manifestar nas condições mais adversas. A ex-catadora de lixo de Belo Horizonte Maria das Graças Marçal, conhecida popularmente como "dona Geralda", fundou a Asmare (Associação dos Catadores de Papel, Papelão e Material Reaproveitável). Trata-se de um projeto social que atende a várias dezenas de catadores na capital mineira e já recebeu diversos prêmios pelo seu caráter inovador. Dona Geralda teve, inclusive, a oportunidade de ir pessoalmente, em 1999, à sede da ONU, em Nova York, para receber o Prêmio Unesco na categoria Ciência e Meio Ambiente.

Um feito e tanto para quem começou a catar papel aos 8 anos de idade, quando a família resolveu deixar o interior do estado para buscar oportunidade na capital. Com a morte do pai três meses depois, a mãe e os quatro filhos ficaram na indigência, sendo obrigados a viver do lixo. Dos 8 aos 16 anos, dona Geralda carregou lixo na cabeça. A partir dos 16, começou a puxar o carrinho, principal instrumento de trabalho do catador, que chega a deslocar até meia tonelada usando a força das pernas e dos braços.

"Cheguei a beber dois litros de pinga por dia para esquecer a dor", contou em um programa de TV do qual eu também participava em Belo Horizonte. "Dor da fome?", perguntei. "Não, dor da alma", ela respondeu. E explicou que essa dor vinha da dúvida de não saber se existia como pessoa ou não. Dona Geralda exprimia a essência do dilema shakespeariano sem nunca ter lido o dramaturgo inglês. "O catador era confundido com o lixo. Hoje é um profissional liberal, um cidadão", afirma, em entrevista a uma revista semanal, José Aparecido Gonçalves, um de seus colaboradores, membro da Pastoral da Rua e um dos que reuniram os 25 primeiros catadores da Asmare.

Apesar da origem humilde e das dificuldades que enfrentou, dona Geralda fundou a Asmare com a ajuda de pessoas como Gonçalves. Em 2000, a cooperativa de catadores criou o Reciclo, mistura de oficina de arte e casa de shows, que chega a receber até 800 pessoas por dia, de quarta-feira a domingo. Mais recentemente, a Asmare fundou o Reciclo 2, que, além de shows, oferece um curso de artes plásticas para moradores de rua. Ali algumas pessoas recebem ajuda para encontrar um lugar para morar com a família e largar vícios adquiridos na indigência, como a dependência de drogas e do álcool.

A Asmare é um belo exemplo de empreendedorismo social baseado em valores nobres. Desde o primeiro estatuto ficou acertado que a cooperativa geraria renda – com o próprio trabalho – para um fundo coletivo destinado a fornecer auxílio-moradia e vale-transporte aos cooperados, evitando que sejam moradores de rua.

As iniciativas de dona Geralda demonstram que empreender é um estado de espírito e não sinônimo de pessoa jurídica. O negócio que ela dirige não recicla apenas lixo; recicla vidas. Existe valor mais nobre? Existe resultado mais surpreendente do que o que dona Geralda consegue? Ela pode até não gostar de ser chamada de líder – para ela, um "apelido" muito complicado –, mas faz tudo aquilo que o Líder Cinco Estrelas deve fazer: motiva pessoas em torno de uma causa, apresenta resultados surpreendentes, lidera onde se faz necessário e forma outros líderes. Finalmente, mas não em último lugar, inspira por valores que enobrecem aqueles que abraçam a causa.

Talvez seja desnecessário reforçar que a medida do sucesso não está apenas nos resultados, mas também na forma como os resultados são obtidos. Mas nunca é demais repetir que os valores que orientam os passos do líder devem estar de braços dados com a ética.

A realidade nos apresenta muitos exemplos de líderes corruptos, mas também de grandes pessoas que deixam suas marcas. Como o ministro Joaquim Barbosa, no julgamento em que o Supremo Tribunal Federal colocou no banco dos réus os principais envolvidos no escândalo que ficou popularmente conhecido no Brasil como o "Mensalão". Seu relatório, minuciosamente preparado, tinha nada menos do que 430 páginas e denunciava de modo implacável o esquema de corrupção. Das 112 votações que o Tribunal realizou durante o julgamento, o voto de Barbosa foi seguido pelos seus pares em todas as ocasiões, sendo que em 92 delas por unanimidade.

A história do ministro é inspiradora. Em 1970, com apenas 16 anos e uns poucos trocados no bolso, o primogênito de uma família de oito filhos saiu da pequena Paracatu, no interior de Minas Gerais, com planos de estudar em Brasília. Conseguiu uma vaga no Colégio Elefante Branco. Anos depois, entrou para o curso de Direito na Universidade de Brasília. Trabalhava das 23h às 6h. Dormia à tarde nas repúblicas estudantis em que morou. Estudava entre as 18h e as 22h. Formou-se, prestou concurso público e conseguiu fazer mestrado e doutorado na Universidade de Sorbonne, em Paris.

No dia 7 de maio de 2003, o menino pobre, filho de um pedreiro e de uma dona-de-casa, assumiu uma vaga na mais alta corte brasileira. Joaquim Benedito Barbosa Gomes foi o primeiro negro a ocupar uma cadeira no Supremo Tribunal Federal. Há 10 anos, em Paris, um ministro do Supremo francês lhe perguntou quais eram suas chances de chegar ao STF brasileiro. A resposta foi imediata: "Nenhuma." No entanto, Barbosa reverteu esse prognóstico e, com a atuação exemplar no julgamento que entrou para a história, ocorrido a 28 de agosto de 2007, mostrou aos brasileiros que ainda há motivo para se ter esperança.

## POR ONDE COMEÇAR?

Agora é sua vez de refletir um pouco:

Você tem inspirado sua família, sua turma, sua equipe, sua comunidade pelos valores que orientam sua vida?

Na sua profissão, em que tipo de competência você tem apostado para aumentar sua empregabilidade? Apenas em novas tecnologias?

Em que campo estão as mudanças que você precisa implementar para melhorar seu relacionamento com seus filhos, seus alunos, seus colegas e seus vizinhos?

COMECE DESDE JÁ A INSPIRAR E EDUCAR OS OUTROS NÃO APENAS PELO DISCURSO, MAS PELO EXEMPLO, PELAS CONDUTAS QUE PAUTAM SUA VIDA. QUE VALORES VOCÊ VAI ESCOLHER PARA INSPIRAR AS PESSOAS COM QUEM CONVIVE?

# ATITUDES QUE FAZEM TODA A DIFERENÇA

"PAI, VOCÊ É UM LÍDER APENAS QUANDO ESTÁ ENGRAVATADO NO ESCRITÓRIO, ONDE TODOS FALAM QUE VOCÊ É UM EXEMPLO DE INTEGRIDADE, TRANSPARÊNCIA, ÉTICA, ETC. DEVERIA SE COMPORTAR DO MESMO JEITO LÁ EM CASA E AQUI NO AEROPORTO!"

Foi isso o que falou, em alto e bom som, para quem quisesse ouvir o filho, bem jovem, do vice-presidente de uma empresa multinacional, ao perceber que o pai tentava "furar" a longa fila para o embarque no aeroporto Salgado Filho, em Porto Alegre.

Triste e bastante emocionado, como se estivesse envergonhado, ele me contou que convidara o filho para acompanhá-lo a Curitiba em uma viagem de negócios para tentar amenizar as queixas do jovem acerca de suas prolongadas ausências por motivos de trabalho. Confessou que o adolescente o havia chamado de "líder meia-boca", o que muito o magoara. E resumiu sua angústia nesta pergunta: "Como ser um líder 24 horas por dia e não apenas um líder em meio turno?"

A pergunta tem razão de ser, afinal a liderança não acontece apenas no trabalho. Muita gente, porém, exerce o papel de líder somente enquanto está no seu ambiente formal, no exercício do seu cargo, e se comporta de modo completamente diferente – às vezes até antagônico – em outras situações do cotidiano. Defende certas posições e valores quando usa o crachá da sua organização, mas adota atitudes opostas em casa, no elevador do prédio, com seus vizinhos, no clube, ou dentro de um táxi na hora do engarrafamento.

Aprender a exercer a liderança de forma coerente nas várias dimensões da vida é uma competência importante para quem pretende ser um Líder Cinco Estrelas. Mas não é a única; há outra, essencial, que deve ser desenvolvida constantemente: liderar a si mesmo.

## Você é o Líder da sua vida?

Os tradicionais programas de desenvolvimento de líderes nos ensinam técnicas para melhor comandar, motivar e obter o máximo resultado dos subordinados, alunos ou filhos – o referencial, portanto, é o outro. Mas não nos ensinam a lidar com nossas próprias emoções. Infelizmente, não nos ensinam a ser líderes mais eficazes de nossas vidas.

O problema é que, ao liderar, muitas vezes desafiamos as pessoas a mudar seus hábitos, posturas, atitudes, comportamentos, modos de pensar, enfim, modificar a forma de encarar suas vidas. Mas, para ser efetiva, a mudança deve começar dentro de cada um de nós. Mahatma Gandhi dizia algo que cai como uma luva aqui: *"Nós devemos ser a mudança que desejamos ver no mundo."* Ou seja: quando deseja mudar algo, o líder deve começar a mudança por si mesmo. Só assim pode inspirar pelo exemplo e não apenas pelo discurso.

"Antes de pretender liderar os outros, é preciso aprender a liderar a sua própria vida." Esta é a sugestão que sempre procuro dar principalmente aos jovens líderes. A competência de liderar a si mesmo não é uma questão técnica. Trata-se de algo intangível. Para liderar a si próprio, cada um precisa ter uma clara percepção de seus pontos fortes e fracos, suas emoções e necessidades, seus desejos e impulsos.

Quem se conhece bem sabe aonde quer chegar e por quê; prioriza seus princípios e objetivos, ainda que isso implique a recusa de ofertas financeiramente tentadoras; não toma decisões que causem insatisfação interior por ferirem valores profundos.

O autoconhecimento permite saber o efeito que seus sentimentos têm não só sobre si mesmo, mas também sobre seu desempenho. Por exemplo, um líder que reconhece sua dificuldade em lidar com prazos muito curtos não deixa para fazer as coisas na última hora. Sabe que precisa planejar seu tempo cuidadosamente e delegar tarefas com antecedência.

Quem se conhece bem sabe, também, complementar-se. Assim, o planejador típico que não gosta de se envolver com o processo operacional deve cercar-se de pessoas executoras, artilheiros que sabem fazer gols. Já o executor nato, que atropela os fatos e imprime grande velocidade às ações, sem programar muito, deve complementar a sua equipe com pessoas cautelosas que pensem mais e planejem bem.

Por isso, leitor, em vez de recrutar pessoas que agem exatamente como você, à sua imagem e semelhança, como ocorre na maioria das vezes, convém aprender a dotar sua equipe de competências complementares às suas. Mesmice rima com competitividade? Não; o que rima com competitividade é diversidade!

Perceber, mesmo a duras penas, as mudanças que você precisa promover em si mesmo é uma condição fundamental para aumentar sua capacidade de liderar eficazmente outras pessoas.

## Atitudes Cinco Estrelas®

As outras condições necessárias ao exercício da liderança eficaz formam um conjunto que denomino "Atitudes Cinco Estrelas":

- Perseverança, determinação, superação
- Criatividade e inovação
- Foco e disciplina
- Iniciativa / proatividade / não-acomodação
- Otimismo
- Empreendedorismo
- Valorização do caráter das pessoas
- Reconhecimento
- Humildade
- Paixão

Perseverança, determinação, superação. Os Líderes Cinco Estrelas não jogam a toalha nunca; são perseverantes, determinados. Superam os obstáculos, por mais intransponíveis que possam parecer – como fez Kristie Hanbury, hoje à frente da equipe de pólo feminino do Brasil.

Muito bonita, aos 3 anos de idade já participava de programas na antiga TV Tupi. Mais tarde seguiu uma bem-sucedida carreira de modelo. Era também esportista, lutava judô e se preparava para disputar uma vaga nas Olimpíadas de 1988, quando um acidente dentro da garagem de um shopping no Rio de Janeiro frustrou seus planos. Kristie sofreu inversão da curva cervical, fratura de duas vértebras, compressão da medula e edema cerebral. Ficou tetraplégica – perdeu os movimentos do pescoço para baixo.

Os especialistas – tanto brasileiros quanto norte-americanos – dos inúmeros hospitais em que esteve internada lhe afirmaram que não voltaria a andar. Anos depois, contrariando todos os prognósticos, ela saiu do hospital caminhando com as próprias pernas. É o único caso registrado no mundo de recuperação total nessas condições.

Kristie voltou à atividade de modelo em Nova York, depois Tóquio. Começou a praticar pólo em Cingapura, onde residiu com o marido e os filhos durante sete anos. Quando tudo parecia ter voltado ao normal, foi surpreendida por um tumor no seio e voltou ao Brasil para se tratar. Venceu mais essa adversidade e montou o primeiro time feminino de pólo do Brasil, o Amazons Pólo Team.

Mais do que promover o esporte, sua verdadeira causa é beneficiar crianças com paralisia e mulheres carentes atingidas pelo câncer de mama.

Os verdadeiros líderes de si mesmos são perseverantes, mesmo tendo de lutar contra seus medos para superar momentos difíceis, inesperados e indesejados: doença, morte de um familiar, gravidez precoce, demissão, aposentadoria compulsória, traição de sócio ou uma decepção causada por algum parente, enfim, perdas de onde menos esperavam. Renascem e se reinventam, como o personagem da comovente música *Como la cigarra*, da poetisa argentina Maria Elena Walsh:

"Tantas vezes me mataram
Tantas vezes eu morri
Mas agora estou aqui
Ressuscitando...
Agradeço ao meu destino
E a essa mão com o punhal
Que me matou tão mal
E eu segui cantando...

Cantando ao sol
Como uma cigarra
Depois de um ano
Embaixo da terra
Igual a um sobrevivente
Regressando da guerra."

Sebastião José de Carvalho e Melo, que entrou para a história como o Marquês de Pombal, também conduziu um esforço de superação extraordinário. Em 1775, quando Lisboa foi sacudida por um dos maiores abalos sísmicos de que se tem notícia – cujo impacto foi sentido na Espanha e em Marrocos –, ele liderou de modo ímpar a recondução de Portugal e de sua capital à vida normal. Soube atuar de modo determinado em muitas frentes, demonstrando grande capacidade de coordenação para executar todas as medidas emergenciais que ficaram conhecidas como as

"Providências". Além disso, criou soluções inovadoras para o novo desenho da cidade e utilizou técnicas construtivas que permitiram que ela se reerguesse dos escombros. Como uma fênix, Lisboa renasceu, literalmente, das cinzas graças à equipe bastante competente que ele soube convocar e liderar no momento de crise.

Tanto Kristie Hanbury como o Marquês de Pombal, dona Geralda – aquela senhora que catava lixo em Belo Horizonte – e o maestro João Carlos Martins parecem demonstrar aquilo que a sabedoria popular sempre verbaliza para encorajar as pessoas nos momentos de crise, quando alguns aparentam desesperança: *as estrelas brilham na escuridão!*

CRIATIVIDADE E INOVAÇÃO. Para vencer desafios, o líder precisa implantar em sua casa, na escola ou na empresa uma cultura capaz de estimular a criatividade e transformar idéias em inovações que sejam úteis e percebidas como valorosas.

Mas desenvolver a criatividade não é preocupação exclusiva de empresas bem estabelecidas. O jovem líder Denílson Shikato também lançou mão desse recurso para ajudar outras pessoas. Logo após uma tragédia pessoal – o assassinato do seu pai em um assalto em Capão Redondo, na região sudoeste da cidade de São Paulo –, ele pensou em abandonar o distrito. Mudou de idéia e construiu bem no local do crime a Fábrica da Criatividade, que oferece aulas de teatro, música, inglês, pintura e desenho em quadrinhos para 200 jovens.

Com a ajuda de amigos e de diversos parceiros, o que no início era apenas um sonho individual se transformou em causa coletiva: descobrir talentos e resgatar a auto-estima dos moradores de uma das áreas mais violentas de São Paulo. Hoje, as cores vivas e a arquitetura arrojada do prédio onde funciona a escola se destacam no meio do cinza que predomina em Capão Redondo. Consciente do seu papel de estimular o aparecimento de futuros líderes, Denílson justifica sua iniciativa: "A vida não é só acordar, comer, dormir, fazer as coisas básicas. É também construir uma base para o futuro oferecendo a perspectiva de uma vida melhor."

FOCO E DISCIPLINA. Ter foco não significa fazer uma coisa de cada vez, pois no mundo atual essa não é uma atitude vencedora. A realidade requer pessoas multifocadas. Mas ter foco implica saber definir claramente as prioridades, hierarquizar as ações.

Neste mundo fragmentado e de múltiplos estímulos em que vivemos corremos o risco de dispersar nossos objetivos e de empreender esforços na direção errada. Para surpreender pelos resultados é necessário ter muita disciplina, concentração e foco.

INICIATIVA / PROATIVIDADE / NÃO-ACOMODAÇÃO. O maior inimigo do sucesso é o sucesso. Infelizmente isso acontece porque ele tende a gerar acomodação tanto nas pessoas quanto nas empresas, em especial nas que são líderes de mercado e estão acostumadas a ganhar. O antídoto para a "doença do sucesso" é criar uma cultura de não-acomodação, iniciativa, proatividade, insatisfação contínua com os patamares atingidos.

OTIMISMO. "Sempre digo que sou uma otimista irresponsável! E é por isso que fiz tudo o que fiz na vida", explica Abigail Izquierdo Ferreira, nome de batismo da grande dama do teatro brasileiro Bibi Ferreira. Curiosamente, ela estreou no palco com apenas 24 dias de idade no papel de uma boneca que havia desaparecido do cenário pouco antes de o espetáculo começar. A peça era *Manhãs de sol*, de Oduvaldo Vianna Filho.

Durante sua carreira, colecionou sucessos no Brasil e no exterior em clássicos teatrais, revistas e musicais como *My Fair Lady*, *Hello Dolly*, *O Homem de la Mancha*, *Piaf*, *Gota d'água*, *Bibi in Concert*, entre outros.

O otimismo a ajudou a enfrentar muitas dificuldades. Aos 9 anos de idade experimentou o preconceito da época, quando sua matrícula no Colégio Sion, no Rio, foi negada por ela ser filha de um ator de teatro, Procópio Ferreira.

Em 1950, um incêndio no Teatro Carlos Gomes poucos dias após a estréia de uma peça na qual investira suas economias e empréstimos tomados em bancos deixou-a com uma dívida que levou cinco anos para saldar. Em outra ocasião ficou detida em Portugal por três meses, "hospedada" em uma pensão lisboeta até saldar a dívida contraída para produzir um espetáculo que não deu certo.

O otimismo de Bibi rendeu-lhe frutos. A grande dama do teatro é uma artista completa: canta, dança, atua, toca piano e violino e compõe. Líder e formadora de opinião no meio artístico, revelou um talento especial também como diretora de shows, peças e musicais de vários artistas famosos como Maria Bethânia, Elizeth Cardoso, Paulo Gracindo, Marília Pêra e Walmor Chagas, entre outros.

Na temporada teatral de 2007, aos 85 anos de idade, continuava na ativa, à frente de uma peça que lotou o Teatro Raul Cortez, em São Paulo, todas as noites.

Essa grande artista, grande diretora e grande líder serviu de inspiração para muitos. Em 1996, ninguém menos que a celebrada atriz Fernanda Montenegro, ao entregar-lhe o Prêmio Sharp de Teatro, saudou-a com a seguinte declaração: "Bibi, você sempre foi parte do meu Olimpo teatral (...) Desde sua estréia como Mirandolina, eu sonhei ser como você (...) Pelas centenas de artistas, de colegas que estiveram sob seu comando (...) você é o nosso maior referencial cênico."

EMPREENDEDORISMO. Engana-se redondamente quem acha que para merecer a qualificação de empreendedor seria preciso abrir uma empresa. De modo algum! Empreendedorismo é um estado de espírito. Um médico pode ser empreendedor; uma dona-de-casa, um professor, um pintor, um estudante também. Empreender é a arte de trilhar caminhos ainda não percorridos.

Nas empresas, líderes de áreas funcionais como Contabilidade, Logística, Administração e Serviços Gerais também devem ter o espírito empreendedor na hora de atender a outras áreas da empresa que necessitam de seus serviços e se constituem no que se convencionou chamar de "clientes internos".

As organizações sem fins lucrativos, assim como as escolas, também necessitam desenvolver uma cultura empreendedora. Um bom exemplo vem da Secretaria de Educação do Município de Arujá (SP), que, por meio de um convênio com o Sebrae, implantou o Programa Jovem Empreendedor Primeiros Passos. Evandro Saturi, o gerente local do Sebrae, revelou seu sonho: "Quero que Arujá seja exemplo de que os jovens iniciaram os primeiros passos como empreendedores pelas orientações do programa e se tornaram donos do próprio negócio."

Destinado a crianças e jovens de 7 a 14 anos, o programa pretende capacitar mais de 2.500 alunos da Rede Municipal de

Ensino. O objetivo é estimular os estudantes a pensar e agir como empreendedores. Assim, a oficina e o material didático destinados ao quinto ano (alunos de 10 anos) têm o conteúdo organizado em torno de uma locadora de gibis.

Por meio dessa iniciativa, o município de Arujá está claramente tentando formar uma geração de futuros líderes, não apenas seguidores dos líderes atuais.

VALORIZAÇÃO DO CARÁTER DAS PESSOAS. Ao recrutarmos profissionais para fazerem parte da nossa equipe, tendemos a privilegiar suas competências técnicas, o conhecimento do negócio, o currículo escolar e as experiências anteriores. Tudo isso é importante, mas um conjunto de competências intangíveis está se tornando fundamental para o sucesso: atitudes, hábitos e crenças – enfim, os valores e o caráter das pessoas.

Quando pergunto a líderes bem-sucedidos como conseguiram montar times de alta performance, a resposta é invariavelmente a mesma: "Valorizo mais o caráter das pessoas do que o currículo que apresentam."

Se pensarmos bem, não adianta contratar técnicos excepcionais, MBAs graduados com louvor, gente com muita cancha no negócio, se essa pessoa jogar no time do "eu sozinho" e não souber trabalhar em equipe; se tiver dificuldades em se relacionar e não se comunicar bem; se for pessimista; ou, pior, se cometer deslizes tais como distorcer dados ou fizer "fofoca" no ambiente de trabalho.

Assim, a velha máxima que faz referência à "pessoa certa no lugar certo" continua válida na principal missão do líder em uma organização: a de montar sua equipe. Quando o líder não investe o suficiente no recrutamento e na seleção, paga um alto preço depois: passa mais tempo administrando problemas causados pelas pessoas do que buscando oportunidades de negócio que poderia aproveitar. Mas escolher a pessoa certa para o lugar certo precisa ser complementado por "no momento certo". E mais: o líder deve sempre se preocupar não apenas em escolher, mas também em "ser a pessoa certa no lugar certo no momento certo". Se desconfiar que não é, o melhor que tem a fazer é mudar antes de ser mudado.

A postura de privilegiar os valores das pessoas é particularmente útil nos momentos iniciais da formação do futuro líder. Assim, é ideal que pais, mães, professores e orientadores valorizem o caráter de seus filhos, alunos e pacientes, sempre considerando as atitudes deles com peso pelo menos semelhante ao que é dado ao desempenho de tarefas, às notas escolares e à competência técnica.

Quanto aos liderados, vale a pena seguir uma regra de ouro: preferiria líderes que inspiram pelo caráter e pelos valores àqueles que se notabilizam apenas pelo que sabem fazer.

Reconhecimento. A principal moeda de troca dentro de uma organização é o reconhecimento à contribuição dada. O Líder Cinco Estrelas sabe propor desafios superiores à capacidade que as pessoas imaginam possuir. Tenta, assim, motivá-las a se superarem e se desenvolverem. Por isso demonstra reconhecimento quando as pessoas atingem os resultados desejados. E mais ainda quando celebram juntos mesmo as pequenas vitórias.

Apesar de óbvia, a seqüência Desafio – Reconhecimento – Celebração é mais exceção que a regra. A maioria dos pais, mães, professores e executivos raramente reconhece o valor e a contribuição dos seus liderados. Tornaram-se verdadeiros especialistas na arte de desmotivar pessoas.

HUMILDADE. A falta de humildade é o grande calcanhar-de-aquiles dos líderes. Alguns mal iniciam sua escalada de sucesso e já começam a ficar arrogantes. Por falta de maturidade ou de preparo, perdem-se no caminho. A humildade não é uma atitude apenas altruísta; ela se reflete em uma série de hábitos diários, como capacidade de ouvir, respeito pelo outro, solidariedade, generosidade, compaixão, disposição para dar novas oportunidades, defesa do "nós" em detrimento do "eu".

PAIXÃO. A tecnologia muda diariamente, mas a velha chave do sucesso continua sendo este sentimento que se escreve com seis letras: P-A-I-X-Ã-O! Apaixone-se pelas suas causas, atividades, tarefas. Ou mude de profissão, área, emprego, cidade. Do contrário, você jamais terá sucesso no sentido mais profundo. Apaixone-se pelos futuros líderes que você deve formar. Essa sempre será sua causa mais nobre, o seu legado. Apaixone-se pelos valores que você defende, pela possibilidade de superar os obstáculos. Apaixone-se pelo futuro que você deseja inventar para si e para aqueles com quem convive.

O Líder Cinco Estrelas ainda precisa desenvolver e praticar pelo menos mais quatro atitudes: o AUTODESENVOLVIMENTO contínuo, que visa estimular cada um a promover seu próprio desenvolvimento pessoal e profissional, sem esperar por soluções institucionais; a FLEXIBILIDADE, tanto para lidar com situações distintas em diferentes ambientes, sem lançar mão de um estilo rígido, quanto para administrar pessoas com diferentes níveis de maturidade; habilidade para desenvolver PARCERIAS que complementem as suas forças; TALENTO PARA "SURFAR" NAS TENDÊNCIAS, quer sejam tecnológicas, ambientais, sociais ou políticas, o que leva o Líder Cinco Estrelas a praticar um de seus "esportes" favoritos: reinventar o futuro enquanto garante o presente com resultados surpreendentes. Em outras palavras, liderar não é apenas sinônimo de gerenciar bem o presente, por melhores que sejam os resultados apresentados; liderar consiste em preparar para o futuro desejado.

## DIFICULDADES PESSOAIS A SUPERAR

A escolha da bagagem para percorrer o Caminho das Estrelas não envolve apenas decidir o que levar na viagem. Os líderes eficazes também precisam saber o que NÃO devem levar, o que normalmente toma a forma de certas dificuldades pessoais a serem superadas antes da partida.

A principal delas é uma baixa auto-estima, que inibe as pessoas e as faz duvidar de sua capacidade de liderar e de fazer acontecer. Outra é a timidez, que pode atrapalhar aqueles que querem aproveitar oportunidades de exercer a liderança, principalmente a do tipo que exige iniciativa e capacidade de comunicação.

Nossos medos e fobias também são inimigos internos que nos corroem e podem nos afastar de pessoas e de situações que, como líderes, precisamos enfrentar.

Algumas características adquiridas culturalmente às vezes se transformam em sérios obstáculos para o brilho do líder: a face negativa do "jeitinho brasileiro", na base do "deixa comigo, na hora tudo dá certo, a gente dá um jeito"; a nossa conhecida autoindulgência, que muitas vezes nos impede de assumir responsabilidades; a falta de assertividade (em vez de dizer claramente o que desejamos, procuramos quase sempre alcançar nossos objetivos de forma indireta); e nossa tradicional visão de curto prazo e falta de compromisso com o futuro, como bem salienta a professora da USP Tânia Casado, em recente entrevista, ao analisar traços da cultura nacional.

Uma dificuldade que merece profunda reflexão é a grande vilã do líder: a falta de comunicação. Este é um dos problemas mais freqüentes que encontro nas empresas para as quais presto consultoria. As boas condições oferecidas pelas chefias nem sempre encontram resposta no nível de entusiasmo e comprometimento das pessoas. Às vezes a insatisfação é generalizada e os líderes ficam sem saber o que fazer para motivar suas equipes. Se existe, de fato, um interesse legítimo em fazer da organização um lugar onde todos possam trabalhar felizes e todos os esforços são realizados nesse sentido, por que, então, os funcionários continuam insatisfeitos? A resposta é simples: falta comunicação entre os líderes e suas equipes. Muitas vezes os funcionários sequer conhecem a empresa em que trabalham.

Em 2001, o *Guia Exame – As melhores empresas para você trabalhar*, publicação anual da Editora Abril que elege as organizações do país onde os funcionários se dizem mais satisfeitos, trouxe um dado importante, ressaltado pelo jornalista Mauro Silveira:

"DESDE 1997 ATÉ AQUELE ANO, OU SEJA, NAS CINCO EDIÇÕES PUBLICADAS ATÉ ENTÃO, APENAS 12 EMPRESAS TINHAM OBTIDO CLASSIFICAÇÃO EM TODOS OS ANOS. A MELHOR NOTA

DESSAS EMPRESAS NÃO ESTAVA RELACIONADA A SALÁRIOS ACIMA DA MÉDIA DE MERCADO NEM A BENEFÍCIOS GENEROSOS. AS 12 ORGANIZAÇÕES TINHAM NA COMUNICAÇÃO INTERNA O SEU GRANDE DIFERENCIAL. NO OUTRO EXTREMO, OU SEJA, AS 12 EMPRESAS COM PIOR NOTA EM 2001 E QUE NÃO CONSEGUIRAM UM LUGAR ENTRE AS VENCEDORAS, TINHAM COMO PIOR NOTA JUSTAMENTE A COMUNICAÇÃO INTERNA. ESTE DADO NÃO DEIXA DÚVIDAS: UMA BOA COMUNICAÇÃO INTERNA É O ALICERCE DE QUALQUER EMPRESA QUE PRETENDA TER UM BOM AMBIENTE DE TRABALHO."

O item comunicação continua sendo um dos principais na classificação das melhores empresas para se trabalhar no Brasil e um dos maiores obstáculos para aquelas que não conseguem constar nessa desejada lista.

Um conjunto adicional de competências e habilidades pode ser um arsenal de ferramentas bastante útil para que o líder consiga superar algumas das dificuldades enumeradas e assim exercer melhor o seu papel. Dentre essas competências, destaco a capacidade de comunicação interpessoal – verbal, escrita, corporal e emocional – que o líder precisa desenvolver de forma contínua, incansavelmente; a rede de contatos e relacionamentos (network) que ajudará o líder a encontrar parceiros e apoio para seus projetos; a habilidade de negociação, que o ajudará a enfrentar situações delicadas, a vender idéias e a obter resultados, se não ideais, pelo menos viáveis; e a administração do tempo, uma competência-chave para que o líder não disperse suas iniciativas e se concentre nas prioridades.

## QUANDO O LÍDER "PISA NA BOLA"

Convém evitar certos comportamentos que provocam nos liderados a rejeição à liderança no trabalho, em casa, na escola ou na comunidade. O líder "pisa na bola" quando:

DIZ UMA COISA E FAZ OUTRA. O célebre "faça o que digo, mas não faça o que faço" não é mais aceito com a facilidade com que era no passado. As pessoas exigentes desejam ser inspiradas pelo exemplo e não por um discurso teatral. Embora o líder nem sempre se dê conta de que é constantemente observado, como se estivesse em uma vitrine, seus liderados acompanham atentamente o que ele faz, as prioridades de sua agenda, os alvos de suas críticas ou elogios, o que desperta seu mau humor, quem ele promove, a quem delega e em quem confia, a quem recebe e com quem gosta de falar. Com base no que observam – independentemente do que diz o líder –, as pessoas tiram suas próprias conclusões sobre o que é realmente importante, o que é verdadeiramente urgente, e quem é, de fato e não na aparência, aquele líder. Quando as palavras estão de acordo com as ações, a credibilidade e a influência do líder aumentam. Quando isso não ocorre, será apenas uma questão de tempo para que a capacidade de liderar dessa pessoa seja questionada.

COMETE DESLIZES ÉTICOS. Alguns líderes não acham nada de mais prometer e não cumprir. Ou apontar uma prioridade e depois nada fazer a respeito. Outros enganam deliberadamente suas equipes. Ou simplesmente demonstram falta de integridade em momentos cruciais, defendendo interesses pessoais em detrimento dos seus liderados. Alguns assumem a autoria de idéias que não são suas, mas de um membro de sua equipe. Outros camuflam relatórios para "aparecer bem na foto" perante seus superiores. Ou simplesmente negam ter conhecimento de fatos e iniciativas que eles mesmos orientaram. Enfim, têm vida curta os líderes que cometem esses deslizes e não os corrigem rapidamente.

COMETE INJUSTIÇAS. Todos são passíveis de ter reações irrefletidas ou mesmo de cometer injustiças por causa de informações enganosas ou de erros de julgamento. O Líder Cinco Estrelas não está imune a isso; o que não pode é usar dois pesos e duas medidas. Os líderes eficazes reconhecem seus erros e reparam as injustiças tão logo percebem o equívoco. Assim mantêm a autoridade moral para continuar liderando.

NÃO RECONHECE A CONTRIBUIÇÃO DOS SEUS LIDERADOS. Este é outro pecado mortal do líder: dar apenas feedback negativo, criticando os outros pelos seus erros ou seu baixo desempenho, esquecendo de dar retorno positivo, de parabenizar pelos acertos. Há também uma regra de ouro do feedback que, em geral, é ignorada: elogios devem ser feitos em público; críticas, sempre em particular. Infelizmente, fazemos exatamente o contrário.

DESCONHECE O NEGÓCIO. Ninguém é obrigado a entender de tudo que diz respeito a uma empresa. Mas o líder deve se esforçar para demonstrar interesse pelos problemas e desafios que afligem os seus liderados. É preciso que tenha certa dose de conteúdo para liderar sua equipe e seus pares, pois "saco vazio não fica em pé por muito tempo".

CULPA OS OUTROS. Quando os líderes se sentem acuados por resultados que não conseguem obter ou promessas que não cumprem, quando são questionados por seus liderados ou pressionados pela opinião pública, podem vir a cometer um dos erros mais comuns nos momentos de dificuldade: o de sempre culpar os outros. Os alvos preferidos são o marido ou a mulher, o chefe, a empresa, o governo, o concorrente, a tecnologia, o clima, o acaso, a falta de sorte; às vezes, até mesmo forças sobrenaturais são invocadas como uma espécie de bode expiatório para a incompetência de um líder. Isso sempre dá origem à "caça às bruxas", desencadeando um clima de medo, mentiras, baixa produtividade e desconfiança.

INVENTA DESCULPAS. Se estiver sob pressão e não encontrar culpados, o líder pode recorrer a desculpas clássicas como falta de tempo, pressão externa, a burocracia, o sistema ou "forças ocultas", expressão celebrizada pelo ex-presidente Jânio Quadros que, de forma atabalhoada, renunciou ao cargo, num misto de esperteza e incompetência.

A maior "pisada na bola" ocorre quando o líder joga fora a principal matéria-prima da liderança: a confiança. Quando os liderados – subordinados no trabalho, filhos, alunos ou membros formais ou informais de uma equipe – perdem a confiança no líder, pouco resta a fazer. A quebra de confiança normalmente é fatídica para o exercício da liderança.

E AGORA? VOCÊ ESTÁ DE MALAS PRONTAS, COM A BAGAGEM ADEQUADA PARA TRILHAR SEU CAMINHO VISANDO SE TORNAR UM

LÍDER CINCO ESTRELAS? CONFIANTE NAS SUAS ATITUDES? ESTÁ CONSCIENTE DE CERTOS HÁBITOS E POSTURAS QUE PRECISA ABANDONAR E QUE NÃO DEVEM FAZER PARTE DA SUA BAGAGEM NESSA CAMINHADA? PRONTO PARA PARTIR? SIGA EM FRENTE...

## A HORA DA LARGADA

# A TRAVESSIA É O CAMINHO DAS ESTRELAS

"HÁ UM TEMPO
EM QUE É PRECISO ABANDONAR AS ROUPAS USADAS,
QUE JÁ TÊM A FORMA DO NOSSO CORPO,
E ESQUECER OS VELHOS CAMINHOS,
QUE NOS LEVAM SEMPRE AOS MESMOS LUGARES.

É O TEMPO DA TRAVESSIA:
E, SE NÃO OUSARMOS FAZÊ-LA,
TEREMOS FICADO, PARA SEMPRE,
À MARGEM DE NÓS MESMOS."

Até parece que essas belas palavras de Fernando Pessoa, um dos maiores poetas da língua portuguesa, foram escritas especialmente para este momento: a hora da largada!

De fato, precisamos aprender novos caminhos, se quisermos construir famílias mais felizes, empresas mais saudáveis e comunidades mais solidárias – por exemplo, desenvolvendo uma nova forma de pensar e praticar a liderança em casa, na empresa, no local de trabalho, na escola, no clube, na igreja, na vizinhança, na comunidade.

Qualquer que seja o seu cenário como líder atual ou futuro,

cabe a você mapear e trilhar o seu Caminho das Estrelas. Lembre-se sempre: o verdadeiro Caminho das Estrelas é uma travessia interior. Trata-se de uma viagem em busca da essência de cada um. Em busca da realização dos seus sonhos. Da estrela que reside em você!

Coragem! O principal, agora, é, antes da partida, elaborar o seu "Plano de Ação", o seu "Mapa de Atitudes e Iniciativas". Para começar, reflita sobre o que você pretende colocar na bagagem:

Que atitudes, crenças e hábitos você precisa Adquirir? Determinação, humildade, otimismo, foco, flexibilidade, capacidade de valorizar os outros mais pelo caráter? Ou seriam outras?

Que atitudes, crenças e hábitos você não pode dispensar e precisa Consolidar? Integridade, criatividade, coragem?

Que atitudes, crenças e hábitos convém deixar de praticar e Eliminar? Individualismo, arrogância, pessimismo, timidez, dispersão? Lembra de algo mais?

Depois de ter definido essas atitudes, decida:

Quais dos cinco passos apresentados até aqui você precisa fortalecer ou passar a praticar para se tornar um Líder Cinco Estrelas? Relembrando:

- DEFINA AONDE VOCÊ QUER CHEGAR
- RECONHEÇA A ESTRELA QUE HÁ NOS OUTROS
- CUIDE DO TODO, NÃO APENAS DA PARTE
- FAÇA MAIS QUE O COMBINADO
- INSPIRE PELOS VALORES

Defina, para cada um dos cinco passos, pelo menos uma iniciativa concreta que você tomará ainda este ano.

Esse conjunto será o seu Mapa de Atitudes e Iniciativas para reencontrar a estrela que se perdeu ao longo da estrada. Para desengavetar seus sonhos e transformá-los em realidade.

VAMOS LÁ! COMECE SUA TRAVESSIA. TRACE O SEU CAMINHO. É A HORA DA PARTIDA! SOLTE SUAS AMARRAS, CONFIE NO BRILHO DA SUA ESTRELA.

FELIZ JORNADA!

P . S . : LEMBRETE FINAL

# VOCÊ É UM LÍDER CINCO ESTRELAS? FAÇA O TESTE

Seu Mapa de Atitudes e Iniciativas está pronto? Está confiante para dar início à caminhada? Ou prefere refletir um pouco mais?

Busque inspiração no site
www.ocaminhodasestrelas.com.br

Nesse endereço você encontrará um TESTE que o levará a pensar um pouco mais sobre a forma como exerce a liderança.

Faça o teste. Depois confira o gabarito.

Surpresa nos resultados? Não são coerentes com o que você pensa? Analise um pouco mais as situações apresentadas. Consulte pessoas com as quais você convive.

Não pare por aqui.

Peça também para que outras pessoas façam o teste:

- Membros da sua equipe no trabalho
- Seu chefe
- Seus alunos
- Seu marido / mulher
- Seus filhos

Sugira ao seu namorado(a), amigo(a), vizinho(a), enfim, a todos que você gostaria de ver praticando uma nova forma de liderar, que façam o teste e verifiquem se estão perto de se tornarem Líderes Cinco Estrelas ou o que precisam fazer para chegar lá.

Você também pode ajudá-los a percorrer o Caminho das Estrelas e a buscar o líder que existe dentro de cada um. Encoraje-os a traçar os seus Mapas de Atitudes e Iniciativas para transformarem seus sonhos em realidade.

Se julgar mais adequado, busque companhia para a caminhada. Você não precisa ser um viajante solitário. O apoio de outras pessoas às vezes é fundamental. O importante é que somem forças para juntos conquistarem seus sonhos.

# AGRADECIMENTOS

Aos diversos clientes da Empreenda, que decidiram colocar em prática minhas provocações, transformadas em Programas de Desenvolvimento de Líderes para suas equipes, e possibilitaram um intenso fluxo de sugestões e idéias que me ajudaram a formular melhor o Caminho das Estrelas.

Aos meus sócios, Milton e Cris, e aos colegas de trabalho na Empreenda, parceiros na descoberta do Caminho das Estrelas e companheiros na jornada de transformar sonhos em realidade.

A Vanda Souza, minha irmã, fiel escudeira nos momentos que a caminhada exige alguém mais vigilante.

A Cristina Nabuco, cujos questionamentos, contribuições e senso construtivo sempre me ajudam a tornar mais inteligíveis várias idéias, inclusive as embrionárias, que precisam de palavras mais acuradas para se revelarem de modo mais nítido.

A toda a equipe da Editora Sextante, sempre incansável no apoio qualitativo para a construção desta obra que você tem nas mãos. Observe que o símbolo da editora é um sextante, um instrumento de navegação que mede o ângulo vertical entre um astro e o horizonte para ajudar o viajante a traçar sua rota. Como coincidências não existem, sempre considerei esse alinhamento de planetas entre o autor e a editora como um bom presságio para que *O Caminho das Estrelas* possa fazer a diferença para quem de fato interessa: você, leitor.

# BIBLIOGRAFIA E FONTES DE CONSULTA

## LIVROS

BAIARDI, Renato. *25 anos em 24 horas*. Rio de Janeiro: Gráfica Jornal do Brasil, 1997.

BERNARDINHO. *Transformando suor em ouro*. Rio de Janeiro: Sextante, 2006.

BRAUN, Lara; BORGONOVI, Eduardo Castor. *Marias: a jornada heróica de 50 mulheres que fizeram história*. Rio de Janeiro: Campus, 2003.

BROWNE, Janet. *A origem das espécies de Darwin*. Rio de Janeiro: Jorge Zahar, 2007.

CORTELLA, Mario Sergio. *Não espere pelo epitáfio*. Petrópolis: Vozes, 2005.

________. *Qual é a tua obra?*. Petrópolis: Vozes, 2007.

FISCHER, Louis. *Gandhi*. São Paulo: Círculo do Livro, 1984.

FUNDAÇÃO LUSO-AMERICANA. *1755: providências do Marquês de Pombal*. Lisboa: Flad, 2005.

GEHRINGER, Max. *Pergunte ao Max*. São Paulo: Globo, 2007.

GODRI, Daniel. *Sou alguém muito especial*. Blumenau: Eko, 1995.

GRETZ, João Roberto. *Voando como a águia*. Parede: Prime Books, 2006.

JÚLIO, Carlos Alberto. *Reinventando você*. Rio de Janeiro: Campus, 2002.

LUDWIG, Waldez. "A profissão do futuro: professor". *In:* Reinaldo Polito (coord.), *Superdicas para ensinar a aprender*. São Paulo: Saraiva (no prelo).

MAGALHÃES, Dulce. *Mensageiro do vento*. Rio de Janeiro: Qualitymark, 2006.

MARINS, Luiz. *Desmistificando a motivação no trabalho e na vida*. São Paulo: Harbra, 2007.

MEGIDO, José Luiz Tejon. *O vôo do cisne*. São Paulo: Gente, 2002.

MILLER, John G. *Você é mais capaz do que pensa*. Rio de Janeiro: Sextante, 2005.

MORAIS, Fernando. *Montenegro*. São Paulo: Planeta do Brasil, 2006.

MUSSAK, Eugenio. *Uma coisa de cada vez*. São Paulo: Gente, 2006.

NAISBITT, John. *O líder do futuro*. Rio de Janeiro: Sextante, 2007.

NAVARRO, Leila; GASALLA, José María. *Confiança*. São Paulo: Integrare, 2007.

POLITO, Reinaldo. *Superdicas para falar bem*. São Paulo: Saraiva, 2005.

ROMÃO, César. *Superdicas para motivar sua vida e vencer desafios*. São Paulo: Saraiva, 2007.

SIQUEIRA, André Iki. *João Saldanha: uma vida em jogo*. São Paulo: Companhia Editora Nacional, 2007.

SOUZA, César. *Você é do tamanho de seus sonhos*. São Paulo: Gente, 2003.

________. *Você é o líder da sua vida?* Rio de Janeiro: Sextante, 2007.

TAVARES, Clóvis. *Todos nascemos curingas*. São Paulo: Navegar, 2007.

TIBA, Içami. *Adolecentes: quem ama educa!*. São Paulo: Integrare, 2005.

________. *Quem ama educa: formando cidadãos éticos*. São Paulo: Integrare, 2007.

VIANNA, Marco Aurélio. *O líder cidadão e a nova lógica do lucro*. Rio de Janeiro: Qualitymark, 2003.

WONG, Robert. *O sucesso está no equilíbrio*. Rio de Janeiro: Campus, 2005.

## ARTIGOS

"A desastrada aventura dos hermanos". *Grandes Guerras*, julho de 2007.

"A Moema que decola". Matéria sobre Lygia Horta. *Veja São Paulo*, 19/2/2003.

"A saga do Vale fora do Brasil". *Exame*, 7/11/2007.

"As mulheres mais influentes do Brasil". *Forbes*, 17/11/2006.

"Bassi: artesão incansável". *Gula*, outubro de 2006.

"Currículo começa a perder espaço para o perfil pessoal", por Ana Paula Lacerda. *O Estado de S. Paulo*, 2007.

"Darwin, como ele mudou o mundo". *Veja*, 9/5/2007.

Diversos artigos, por César Souza. *Gazeta Mercantil*, Ponto C – de Competência, entre fevereiro e julho de 2007.

"É difícil dizer o que queremos", por Rosana Tanus. Entrevista com Tania Casado. *Você S/A*, julho de 2007.

"Ela é Show!". Matéria sobre Heloísa Helena Belém, a Zica. *Veja*, 18/5/2006.

Folheto da Creche de Ação Solidária Almir do Picolé.

"Mao and the Art of Management". *The Economist*, 22/12/2007.

Matéria sobre Eduardo Bom Ângelo. *Você S/A*, setembro de 2007.

"O Brasil nunca teve um Ministro como ele". Matéria sobre o ministro do STF Joaquim Barbosa. *Veja*, 5/09/2007.

"O fabuloso destino de Kristie Hanbury". *Revista Gol*, julho de 2007.

"O líder apaixonado". Entrevista com César Souza. *TAM Magazine*, outubro de 2007.

"Os médicos que os médicos mais receitam", por Marcia Vieira e Telma Alvarenga. Matéria sobre Rosa Cecília Barbosa. *Veja Rio*, 21/07/1999.

"O trabalho em sala de aula envolve o aluno com deficiência visual". Texto sobre a professora Maria da Conceição Dias Magalhães apresentado no seminário realizado na PUC/MG em 4 e 5/4/2002.

"Plano sucessório eleva o valor das companhias". *Gazeta Mercantil*, 2007.

"Por dentro da mente e da vida do homem mais rico do planeta". Matéria sobre Carlos Slim. *Época Negócios*, agosto de 2007.

"Preparando o Amanhã". *Solví*, novembro de 2007.

"Relacionamento: um desafio". Comentários de Marcelo Llevenes (então presidente da Ampla). *Consumidor Moderno*, julho de 2005.

"Rumo ao Topo?". Matéria sobre Roger Agnelli. *Leaders*, ano III, nº 14.

"Seja um líder completo", por Daniela Diniz. *Você S/A*, julho de 2007.

"Um líder só não basta", por César Souza. *Exame PME*, Na Prática, dezembro de 2007.

## FILMES

*300*. Direção: Zack Snyder. EUA, 2006.

*1492: A conquista do paraíso*. Direção: Ridley Scott. EUA, 1992.

*Apollo 13: Do desastre ao triunfo*. Direção: Ron Howard. EUA, 1995.

*Cidadão Kane*. Direção: Orson Welles. EUA, 1941.

*Coração valente*. Direção: Mel Gibson. EUA, 1995.

*Gandhi*. Direção: Richard Attenborough. EUA, 1982.

*Janela da alma*. Direção: João Jardim e Walter Carvalho. Brasil, 2001.

*Juventude transviada*. Direção: Nicholas Ray. EUA, 1955.

*Show de Renato Teixeira*. Gravação do DVD no Auditório Ibirapuera. São Paulo: Som Livre, 2007.

*Sociedade dos Poetas Mortos*. Direção: Peter Weir. EUA, 1989.

*Um domingo qualquer*. Direção: Oliver Stone. EUA, 1999.

## SITES

- http://bacaninha.uol.com.br/home/secoes/frases/pensamentos_7.htm [Citação de Bernard Shaw.]
- http://box129.bluehost.com/~camarado/pt/index.php?Itemid=28&id=400&option=com_content&task=view [Perfil de Ângela Hirata.]
- http://exiliodeandarilho.blogspot.com/2006/01/o-chile-de-michele-bachelet.html [Perfil de Michelle Bachelet.]
- http://pt.wikipedia.org/wiki/Bibi_Ferreira [Perfil de Bibi Ferreira.]
- http://pt.wikipedia.org/wiki/Bono_Vox [Perfil de Paul David Hewson, conhecido como Bono Vox.]
- http://pt.wikipedia.org/wiki/Fernando_Gabeira [Perfil de Fernando Gabeira.]
- http://pt.wikipedia.org/wiki/Jo%C3%A3o_carlos_martins [Perfil do Maestro João Carlos Martins.]
- http://pt.wikipedia.org/wiki/Jo%C3%A3o_Saldanha [Perfil de João Saldanha.]
- http://pt.wikipedia.org/wiki/Tobias_da_Vai-Vai [Perfil de Tobias da Vai-Vai.]

- http://revistaeducacao.uol.com.br/textos.asp?codigo=10739 [Perfil de Denílson Shikako.]
- http://www.aruja.sp.gov.br [Site oficial da Prefeitura de Arujá (SP).]
- http://www.blogdolider.com.br
- http://www.danielamercury.art.br/ [Site oficial da artista Daniela Mercury.]
- http://www.global21.com.br/entrevistas/entrevista.asp?cod=256 [Entrevista com Ângela Hirata.]
- http://www.infonet.com.br/lampiao [Perfil de Virgulino Ferreira da Silva, conhecido como Lampião.]
- http://www.liderdasuavida.com.br/
- http://www.palestrantes.org/palestrante/palestrante_Chieko_Aoki.htm [Perfil de Chieko Aoki.]
- http://www.terra.com.br/istoe/semana/145410f.htm [Perfil de Dona Geralda.]
- http://www.thiagopereira.com.br/
- http://www2.uol.com.br/modabrasil/biblioteca/grandesnomes/zuzu/ [Perfil de Zuzu Angel.]

# CONHEÇA OUTRO TÍTULO DE CÉSAR SOUZA

## VOCÊ É O LÍDER DA SUA VIDA?

Inspirado por várias histórias reais de sucesso, o autor usa a fascinante jornada de um jovem profissional ao redor do mundo para nos transmitir uma nova forma de pensar sobre a liderança. Esse livro se destina não só a executivos e gerentes, mas a pais, médicos, vendedores, advogados, professores, estudantes – ou seja, a qualquer pessoa que deseja se tornar melhor naquilo que faz.

Além de obter valiosas informações sobre como crescer profissionalmente e se relacionar melhor com seus liderados, você aprenderá que a maior de todas as conquistas é tornar-se líder da sua própria vida, conhecendo seus limites e suas capacidades, direcionando seus esforços e sabendo exatamente aonde quer chegar. Assim você dará o primeiro passo para liderar os outros de forma mais eficaz.

Nesse livro, você vai descobrir como inspirar os outros, reunindo as Cinco Forças que ajudam a construir carreiras e vidas bem-sucedidas:

· Oferecer uma causa, não apenas tarefas.

· Formar outros líderes, não apenas seguidores.

· Liderar em 360 graus, não apenas a sua equipe.

· Fazer acontecer, não apenas planejar.

· Inspirar pelos valores, não apenas pelo carisma.

# CONHEÇA OS 30 CLÁSSICOS DA EDITORA SEXTANTE

– *O monge e o executivo*, de James C. Hunter
– *Você é insubstituível*, *Dez leis para ser feliz*, *Pais brilhantes, professores fascinantes* e *Nunca desista de seus sonhos*, de Augusto Cury
– *O Código Da Vinci* e *Anjos e Demônios*, de Dan Brown
– *Jesus, o maior psicólogo que já existiu*, de Mark W. Baker
– *Por que os homens fazem sexo e as mulheres fazem amor?*, de Allan e Barbara Pease
– *O que toda mulher inteligente deve saber*, de Steven Carter e Julia Sokol
– *Muitas vidas, muitos mestres*, de Brian Weiss
– *Enquanto o amor não vem*, de Iyanla Vanzant
– *Não leve a vida tão a sério*, de Hugh Prather
– *A última grande lição* e *As cinco pessoas que você encontra no céu*, de Mitch Albom
– *Um dia "daqueles"* e *Querida mamãe, obrigado por tudo*, de Bradley Trevor Greive
– *Palavras de sabedoria*, de Sua Santidade, o Dalai-Lama
– *A vida é bela*, de Dominique Glocheux
– *1.000 lugares para conhecer antes de morrer*, de Patrícia Schultz
– *Transformando suor em ouro*, de Bernardinho
– *Os segredos da mente milionária*, de T. Harv Eker
– *Mantenha o seu cérebro vivo*, de Lawrence Katz e Manning Rubin
– *O Poder do Agora*, de Eckhart Tolle
– *O poder da paciência*, de M. J. Ryan
– *Aprendendo a gostar de si mesmo*, de Louise Hay
– *A arte da meditação*, de Daniel Goleman
– *A Boa Sorte*, de Álex Rovira Celma e Fernando Trias de Bes
– *O ócio criativo*, de Domenico De Masi
– *A dieta do abdômen*, de David Zinczencko e Ted Spiker

# INFORMAÇÕES SOBRE OS PRÓXIMOS LANÇAMENTOS

Para receber informações sobre os lançamentos da EDITORA SEXTANTE, basta cadastrar-se diretamente no site www.sextante.com.br

Para saber mais sobre nossos títulos e autores, e enviar seus comentários sobre este livro, visite o nosso site www.sextante.com.br ou mande um e-mail para atendimento@esextante.com.br

EDITORA SEXTANTE
Rua Voluntários da Pátria, 45 / 1.404 – Botafogo
Rio de Janeiro – RJ – 22270-000 – Brasil
Telefone (21) 2286-9944 – Fax (21) 2286-9244
E-mail: atendimento@esextante.com.br

## NOTA DA EDITORA

Esta é uma obra de ficção. A inserção de personagens reais procura demonstrar, através de exemplos concretos, a prática dos princípios de liderança apresentados neste livro. Suas histórias e os diálogos que os envolvem foram construídos a partir de diversas fontes: conversas com o autor, observação em eventos, palestras, relatos de terceiros, artigos, livros, sites, documentários e matérias publicadas na imprensa, como mencionado na bibliografia.